上海社科大师文库

吴蕴瑞全集

文章卷·上

上海体育学院 编

上海人民出版社

本册目录

（一）体育通论

我国体育上之自觉

数十年来，国际竞争最剧烈之时代也。前者德皇启衅，空前绝后之大战争以始。其后美国威尔逊倡人道，讲公理。助联邦以攻德，其宗旨纯正，是不待言。迨至联邦胜而德败，世人莫不庆人道之得维持，公理之能伸张。孰意和平之中，诸强国专制于其间。一切和约，皆出于诸强国之意见，而弱国不得与焉。我国青岛问题，其一例也。由此可知国际何尝有公理。弱肉强吞。今虽暂时弭平，而祸机四伏，各国依然待衅而发。数十年后，世界或将再有大战争，亦未可知。吾国丁此强邻四逼，危急存亡之秋。凡我国人对此当抱何种感想乎？吾国地大物博，人口四万万，有第一等强国资格。

特以教育不普及，实业不发达，人民不尚武，故呈微弱之象。设一旦睡醒，起而与世界竞争，惊天动地之事业，在所能为。目前徒因南北未统一，外交日紧急，财政日困难，国民皆抱悲观。不知此系政府一时之痛象，过渡时代，亦所不免。凡我国民当超出政治之外，力图自强。决不可自忘第一等强国之资格，为楚囚之对泣也。吾望国人群策群力，抱惟一宗旨，取同一方向，积极进行。普及教育，振兴实业，提倡尚武。吾对于教育实业，不敢置一词，愿就体育事业一商榷之。

美国当加入欧战以前，全国陆军不过数十万。加入后三月之久，效力疆场者，有三百余万。而在操练中者，有五百万。设无体育为之基本，安能于极短之时间，练成数百万之军队乎。又观夫德国当十九世纪之中，体育名家杨氏，唤起全国人民尚武合群之精神，提倡器械体操及角力跑跳等运动，至今相习成风。故德人之体格，可称为全世界之冠。此次战争，人尽为兵，战时莫不一以当十。

设无杨氏唱于前,而国人和于后。焉能收如是之效果乎。是故当此时局,我国不欲生存于世界则已;若欲生存,非使全国人民有军国民资格不可。资格可分二种:(一)有战斗之精神,(二)有战斗之技能。有战斗之精神,而无战斗之技能,是谓弱兵,弱兵必败。有战斗之技能,无战斗之精神,是谓乌合之众,乌合之众,不得为兵。二者兼备,方得为完全之军国民,方得有军人之资格。兹将精神及技能方面之要素分析于下:

一、战斗精神之要素

(一)合力　(二)勇敢　(三)进取精神　(四)坚忍
(五)服从　(六)协和　(七)训练　(八)牺牲
(九)忠于团体　(十)正大　(十一)坚强之意志　(十二)自制
(十三)好胜　(十四)胆量

二、战斗技能

(一)扑打　(二)腾越过障碍物　(三)跳过沟濠　(四)躲避
(五)蹶人方法　(六)攀登　(七)跳登　(八)追赶

以上诸要素,所以训练而养成之者,在球术,器械操,田径赛,武的游戏,角力,正式操,拳术等运动。惟功用大小不同,所养成之要素亦异。兹更分论于下:

一、训练战斗精神之运动

(一) 球术　如足球棒球篮球钩球等,以上十四种,精神上之要素,皆能赖以练成。

(二) 田径赛　勇敢,坚忍,正大,进取精神,好胜等要素,皆赖以养成。

(三) 武的游戏　如拔河,马上交锋,推绳,夺棒等游戏。足以养成合力,进取精神,坚忍,和协等要素。

(四) 器械体操　足以培养胆量。

(五) 正式体操　足以养成服从训练之要素。

（六）兵操　功用同正式操。

二、培养战斗技能之运动

（一）器械体操　足以学成腾越过障碍物，跳过沟濠，追赶等技能，并能增长体力。

（二）田径赛　足以学成腾越过障碍物，跳过沟濠，追赶等技能。

（三）角力　足以学成蹶人，躲避，等技能，又足以增长体力。

（四）拳术　足以养成扑打他人之技能。

总以上各项运动之功用观之，对于精神方面者：球术为最，田径赛次之，武的游戏次之，器械体操正式体操又次之。对于技能方面者：器械为最，田径赛次之，角力次之拳术又次之。当世强国当首推美德，而美则重球术田径赛，德则重器械操，可证吾见界之不谬也。是故吾国体育，除小学外，不论大学中学军队，当提倡以上三种运动。多比赛以促其进步，重表现以唤起注意。他如角力拳术，由学生自选。正式操不过为一种豫运动，使身体发暖而已，作为主要之运动不可也。至于兵操，则功用同正式操中之走步，实用所不需，变化不多，学生最易厌倦，不能作一种运动而日课之也。若一旦国家有事，临时亦易练成，如美国此次之加入欧战，其先例也。呜呼！吾及兵操问题不禁感慨系之，吾国国帑，大半靡费于军队；而军队中每日操练者，不过托枪走步而已，器械操亦兼习之，而不能普及，未闻军队中练习球术田径赛角力等运动也。战斗之精神与技能均缺，而欲与美德诸强国之军队抗，胜负之数，无待蓍龟矣。昔惠灵吞败拿破仑，人皆归功于其兵法之神奇，而彼语人曰，此克立扣脱(Cricket)之功也。克立扣脱为一种球术，类美国之棒球，英人视为国技而习之，足以应用于战场。可知军国民之制造厂，在各种球术也。惜乎吾国军人见闻不广，未闻惠灵吞之言论；即闻之者或亦未能了解其意义。徒以托枪走步，消磨军人之光阴而不悟，哀哉！夫军人之受高等教育者甚少，不必多加苛责，吾只愿今之办教育者，及从事体育者，一改其旧有之旨趣云尔！

（原载《青年进步》1921 年第 41 期）

体育学术化

甲、旧式体育之错误

体育为教育之一种，所以联同他种教育，共达改良人类生活之目的者也。是故方法宜直捷，效力务宏大，目的须纯正，否则迂回屈折，耗费精力，效力毫无，甚之背道而驰，愈走愈远，有误教育前途不浅。今欲免蹈覆辙，惟有体育学术化一法，盖只有学术供我以科学之方法，指我以光明之正道，读体育史知已往之错误，病根在二端。

一、军国主义　德国体操，瑞典体操，全受军国主义之影响，专以体操方法，为训练兵丁之工具，举动务求划一，要旨专在服从，目的养成兵丁，所习与日常之生活无关，所作与人类之兴趣相违，二十年前欧美体育家在帝国主义之下，受军国主义之束缚，不知诉诸科学，以一种军式体育互相授受，恬不为怪，旧式体育之不得学术化，良有以也。

二、惟一的健身主义　健身为体育之一目的，固不待言，然以健身为惟一的目的，则所采活动八段锦亦可，米勒式五分钟呼吸操亦可，拳术瑞典操亦可，何取乎公共运动场，何贵乎有高价之运动器械，体能测验是多事，理论是空谈，以今日之见界绳之，岂非大谬，然而从前体育家全在此牛角尖用心，专讲发达肌肉，改正姿势，应用之科学，囿于解剖生理，不作额外之思想，旧体育之落伍也以此，然当时不觉其然者，因各体育家未尝广研学术，无从开发其新思想也。

乙、近世体育之改进与学术化

美国教育学识发达，杜威（Dewey）之教育哲学，桑代克（Thorndike）之心理，为美国全国教育之灵魂，体育家如韦廉士（J. F. Williams），吼善灵顿（C. W. Hetherington）等受其思想之薰淘，早有长篇宏论，揭美国体育革新之旗帜，至今犹急进直上，体育学识之进步，正方兴未艾，此后之体育目的，将益臻纯正，而教学方法亦从此得精益求精矣，以下各节为瑞平日研究所得，分条解释，俾读者得以各明科学与体育之关系。

一、体育须应用生物学　体育事业为男女老幼，全体人群而设，非仅限于学校儿童也。欲一种体育合于全体人群，须先将此人群生长之现象，详细研究：如骨格发达之顺序，神经发达与自制力之进展，体高体重及肺量之进步，寻常年龄与生理年龄及解剖年龄之关系，年龄与活动量之需要，有何种比例，（C. W. Hetherington 曾有一度之答复，然出之于武断，并未经科学之证明）呼吸体操究竟有何利益等，皆在生物学范围之内，应以生物学之原则解决之。体育而不应用生物学，必致教材忘选，轻重颠倒，违悖天然法则，于身体不但无益，且恐有损，故研究体育而有生物学之根底，对于选材料，用方法，定分量，方有一定把握。

二、体育须应用物理学　人体为天然之机械，运动，即凡机械上所做之工作，机械精良之条件，在耗能力少，而所做之工作多。人体既为一种机械，当亦依力学之公式而加训练，俾成一种精良之机械。寻常人对于身体之机巧不甚注意，因日常生活，不要求机巧之身体故耳。然在运动场上，惟机械巧者能得锦标；在枪林弹雨之中，惟身巧手灵者，能先发制人；即在工厂之中惟动作敏捷者，受厂主欢迎；机巧与快速之于人生其重要可知矣。况近世运动成绩日益增高，打破前人之成绩，决非易事，如何能使身体反应迅速，能力增大，固须诉诸物理学与卫生学，“据德国 Dr. R. W. Schuite 研究报告，反应时间（Reaction time）与睡眠有关，不足则长，足则短，饮适当量之刺激品（如酒咖啡之类）则短。又足球员足之反应时间短，善游泳者足之反应慢，由第三种测验结果，可见反应时间与训练有关,故如八段锦拳术及呆板之体操等,是使反应时间延长”。一方有此能力及反应速度,如何能使之发生最大效力,此须由力学解决,例如跳远,人皆知利用抛线,以四十五度之角抛出为最远,跳远时究如何跳法,方能使向前跑之速度,与向上之速度合成四十五度,此不得不从合力一节讨论,当身体在空中之际,何故须屈体举腿,是须以牛顿运动第二律(Law of Independence)解释,其他各项运动如撑高跳等应用物理学之处更多。故体育而研究其精之微处,无处不是科学。

三、体育须应用心理　按桑代克(Thorndike)之学说,活动不论为本能的为学成的,在脑际皆有感应结,凡田径赛,游戏,器械操学成之后,亦必有复杂之感应结或混合之感应结存于脑际,此结是否精确,是否适当,视指导员能否按学习原则行指导而定,故研究体育教学法者,不可不有心理学之根基。

本性之反应可分三类:一对于身体者,二对于他人者,三对于环境及事物者。第三种即为本能活动,如跳,跑,丢,爬,等,是类活动为善为恶,不可不研究,否则非妄事采择,即方法不当,牢固恶结,养成粗蛮之国民。大悖教育本旨。桑氏曾发表意见谓“是类本能活动,为原始时代所养成者极为粗野,从事体育者应注意改变其方向,使野蛮时代之产品,合于文明世界人类活动”。近今美国体育家盛倡天然活动,而吾国同声附和,欲行之有利无弊,不能不应用桑氏所主张,以训练运动员,盖运动员可与为善,亦可与为恶,惟视指导员之学识经验如何耳。吾望此后之运动指导者速自反省也。

据桑代克氏之学说习惯之养成由本能为其先导,养成运动机官之良好习惯,为体育上之重要条件,故体育教材宜选与本能有关系者,否则无从养成习惯,天然活动其尚矣,至于以劳工代体育之谬见,其误点一在认识体育只有健身之工夫而无教育之作用,二在认身心为二元,精神为体外之物,不知劳工虽有时亦能发达身体,无奈精神痛苦,神经系统受损,故体育教材一方顾及健身,一方又须顾及精神,在工商发达之国家犹为重要,即如中国工商待兴之国家亦甚重要。

四、体育须应用哲学　凡事业须有一定之目标,方能得预定之效果,否则朝三暮四,一无主见,主张丛出,无所适从,依杜威(Dewey)之主张教育之目标为改善人类生活而使之益增浓厚，使体育既为教育之一部份，则体育之目标，当亦不容歧异也，惟所谓生活者，乃当时之生活，非过去之生活，亦非将来之生活，譬在运动场上，即在一种生活状况之下，亦当使当时之生活有兴趣方合杜威之主张。近世体育之重比赛，尚游戏，乃正对此目标而发，凡一切干枯呆板之材料有一概废除之倾向。德国体育在体育史上占重要位置，但数年来，旧式体操一概废除，足见以杜威之主张，大可通行于世界，吾国体育界上有是正确之认识，实为哲学之供献。

五、应用社会学　任何制度，其产生之初，必有社会状况为之背景，如经济力量，风俗习尚，民族心理，政治现象，皆有关系，体育亦然，所谓瑞典式德国式，皆有当初社会之背景，故甲国之体育不能完全用之于乙国，乙国体育不适于甲国，即云一体育制度完全合诸心理学科学哲学诸原则，其施行之先后缓急，须视社会之状况而定，例如，公共体育场运动，原为美国社会所产生，吾国亦可采用，但吾国人民尚不知运动，无时间运动，故公共体育场在内地非觉十分需要，而不发达之原因也亦以此。须知社会之进化极慢，勉强催促，徒耗金钱，故不如以设备公共体育之经费，提倡小学运动，多设小学生游戏之所为有效力，十年之后，一般学生皆能运动，然后广设体育场，而此时体育场乃得发达，总之一种事业，关联之处最多。有社会学之眼光，方得面面顾到。

六、应用算学　比赛一项，在体育上，占重要位置，各项运动分数标准，须用极深之算学求之。三年前麦克乐氏研究掷篮球之分数表，有一公式，各算学教授，对之有难色，足征体育欲澈底研究，非有高深之算学根基不可。近年来体育测验，渐次发达，须应用高深之统计学，算学之应用于体育者益广，而体育或可从此并臻科学化矣。

以上举例，不过一二，俾局外人以体育属一种技术者，从此得以解除误会，一方使从事体育而眼光短小，以有技能为了事者，从此可翻然向学，以求深造。

（原载《教育汇刊》1929年第1期）

体育在中国教育上之地位及其提倡之方法

——吴蕴瑞先生在暑期学校讲

(一) 体育的需要

1. 民族的需要

教育应社会国家之需要而产生,体育自也不能除外。所以我要把各方之需要一一提出,则他在教育之地位就很明显了。从民族说:中国现在要振兴民族,非提倡体育不可。中国古时是狠尚武的,上古的黄帝战胜蚩尤,驱逐苗人,完全靠着武力的。周时民族也很强悍,周宣王征伐犬戎。秦时的匈奴很厉害,据说那时匈奴西侵匈牙利,欧洲各国震动,秦始皇筑万里长城,就是防他们东侵的。汉朝武功,西欧慑服,张骞班超至今为中外人所习知。降至魏晋五胡乱华,开始为外来民族所欺凌,六朝时代,民气不振,是汉民族衰颓的时候,唐太宗统一中国,使薛仁贵征高丽百济及平定天山南北,威震国外,纽约之有唐人街,即足证明唐朝人的厉害。唐时之回纥,即宋时的契丹,又即宋南渡后的辽金,那时中国民族衰弱,完全在不能尚武之故。到了元朝,蒙古人入据中国,明太祖发奋为雄,取而代之,但旋即施行愚民政策,使人民致力于八股文,不使强健其身体,图谋反叛。到了清朝,更不必说。因此现在的中国人比外国人特别的衰弱下来了。因为体质上的衰弱,所以品格也连带着堕落了。北方人还可以,像江南人顶不行,不但身体不健全,思想品行都不健全,喜欢抽大烟,做坏事。所以从人类学家眼光中看起来,中国人一天一天退化了,如同古代的巴比伦,埃及,希腊诸民族一样地衰弱下来。但是生物学家反对这种说法,他们说一种生物,不因他的种族老大而退化。社会学家说民族之盛衰，依社会的环境而定。如果现在环境改良还可以改善。所以说，要使环境改良应当提倡体育；因为有民族的需要，更要提倡体育。

2. 民生的需要

外国的机巧的工人（Skillful labor）作工，手艺非常的灵巧，这种工人要有很好的身体才行。呆板的工人，身体常不好，精细的工作做不来。身体不好，在工厂里做工，既慢又呆。日本工厂，管理的方法好，工作又快，精神又好，消耗又少。中国纱厂棉花，百分之七八消耗掉了。外国工厂很注重工人体育，设有体育场，叫工人运动，使他们常常快乐。工人精神畅快，他们不想去做罢工暴动的事，所以对于工厂，也应该提倡体育。

3. 捍卫国家的需要

英法看清了德国的利害，所以不准她训练兵卒。她就提倡体育，不问男女，都做一样的运动。欧战时，男的死得很多，女的就多于男的。他们知道女人也可以打仗，所以男女都提倡体育。女人穿背心，穿短裤，气概很好。这样，一遇国家发生战事，经几个月的军事训练就可以成大事。中国也在遭受着压迫，现在各国都在增加军备。我们如果要达到捍卫国家的目的，非提倡体育不可！即使无战事发生，有备亦可以无患。

4. 国际宣传的需要

现在各国人都知道日本人，他们一见东方人，都以为是日本人，我很气这个。日本人知道注重体育，前次世界运动会，日本人获三级跳远第一，游泳第六，外国人没有不知道的。关于世界运动有书报，有照片，是很好的国际宣传，我们总赶不上别人，所以应该要训练好的体育，满足这项需要。

5. 消遣的需要

中国人不知道正当的消遣，礼拜天闲空了无所事事，没有好方法消遣，于是乎打麻雀赌钱，做这些无谓的消遣。我们要改良风气，移风易俗，去提倡正当的消遣，入手方法就是提倡体育。这是环境方面的需要。

(二) 体育之功用

以上所讲是体育的需要,这里讲体育的功用。我们当考究提倡体育,是不是可以达到这些目的。

1. 发达内脏器官

提倡体育,可以发达内脏器官,如心,胃,肠,胰,肝等。

2. 发达神经肌肉系统

提倡体育能发达肌肉,可以叫身体健实,臂粗,肚壮,又能做机巧的活动,例如跑马,乘自行车,接球,神经灵敏,动作准备合度。你看一班老先生,行动异常板滞,汽车走来,不能够避让。可以说他不能使用他身体的全部,身体一半是他的,一半不是他的。

3. 发达对于游戏之正当态度

小孩子们总是喜欢发脾气,这究竟是不是好事呢?游戏可以使得小孩们发达他们的正当态度。多事活动对于小孩子,能使他们不至于发怒,打架。

4. 建设行为的标准

就是养成很好的品格。譬如打足球的时候,可以养成牺牲的精神,还可以养成合作,忠心,忍耐,吃苦,种种美好的品格。又可以养成服从领袖的精神。最好的球员,品格是极好的。现在学生有品格不好的,喜欢闹风潮。其原由是因为脾气不好;脾气坏是因为身体坏的原故。神经衰弱,容易发怒。身体好,行为也好。所以照这方面,民众也有这四种需要,那末民众体育,是不是要去提倡呢?

就以上各点来看,体育之需要甚殷,同时体育有其特殊的功能,所以他在教育占重要之地位。所以应该竭力提倡他。

(三) 提倡之方法

现在用什么方法去提倡体育?还是提倡中学的?小学的?大学的?或民众的?依兄弟看,小学的体育最重要。人到二十岁以后,身体就不灵活,就教不会体育了。小孩子的天性四五岁喜欢爬跳,七八岁尤极活泼,喜欢捉迷藏,做种种游戏。诸位是有经验的,你们觉得儿童这样好不好? 好的。得到机会,利用其活泼的趋向,加以训练。但是到了高中,变成老爷,不活动了,大学生更不活动,这是生理的趋向。可是提倡小孩子的体育,欲是事半功倍,这是诸位知道的,无论什么事业,都从小时训练起。裁缝收徒,过了二十二岁就不要,只收小徒弟,因为一过上二十岁,肌肉就呆板了。现在大学生能不能训练? 不能,至少比较起来,要难些。所以体育要自小学起,所以,应当致意于小学的体育,那才有希望。至于用什么方法呢?

第一,场所。教室外面要一个很大的场所,设备一点运动器械。此次张伯苓到日本去参加远东运动会,大受感触,说看见日本全国的小孩子都很活泼的,回来就很受感动地向蒋教育部长请求,请想出办法来规定一个法规,凡小学校都要有场地,没有场地,都要建设起来。不错,小学生没有先生去教他们玩不要紧,只要有场地他们会自己去玩的。诸位留意到这层吗?

第二,经费。诸位为教育局长,校长,或先生,你们有无规定体育的经费? 买球的钱? 买器具的钱? 这些预算应该想法加增的。要是没有,就应该想法子。像全国运动会,觉费用太大,收效力小。华中运动会虽用了三万元不到,各省开一次运动会怕要化几千。全国运动会化了十三万元,连同各地代表旅费如辽宁每位代表是二百元旅费,及领队者之旅费共计是一万元。上半年全国的体育费用不下一百万了。我想,拿百万元来增加小学体育设备和场地,他的效率比举行大运动会要澈底。大运动会,不过是刺激国民的注意,其收效并不比提倡小学体育为大,所以并不是根本办法。

第三,体育教师,要好的先生。小学体育先生要什么地方毕业出来的呢? 师范里毕业出来的就可以了。顾树森先生,提倡师范教育独立,主张将体育一课,放在师范课程里面去教。原有师范生都能指导体育,全校体育空气,一定浓厚起来,体育才可以发达。至于时间,在普通学校上午也有,下午也有,有的分成十几班,随便乱排;实际讲,时间以在下午三至四时最好。先生全体都出来领导学生全体,玩足球、做游戏等。学生看见先生——地理先生,国文先生,算学先生,以及其他先生,都到游戏场,一定很为高兴。

第四，教材。可以打网球，踢足球，踢毽子等，做教材，因为小孩子喜欢活动，爱好自然，踢毽子等等教材是最相宜的。

第五，公共体育场。学生一回到家里，就无处可去。既无处可去，于是就跑到街市上去玩，所以应该给地方给他们玩。兄弟主张各地除一个大公共体育场外，应该辟许多小场。安庆这地方可设七八个小体育场，也不要多大的经费，去设指导员。小孩跑不到许多路，每隔一里或半里路设一个体育场。公共体育场，应该开放给小孩子，办公共体育场一部份是为小孩子的。

第六个提倡的方法，就是设置视察员。现在教育部里应有专门研究的人，如德国教育部的第四司，就是体育局。吾国应该设有体育科。欲从事于此的人来提倡，人家以为这是为的饭碗问题，无足轻重。日本文部省体育科有办事员三十余人，我们教部视察员也没有，江苏，没有；湖北，也没有。除掉安徽，各省都没有。

以上是六种提倡的方法，小学最为重要，中学不怎么重要。现在中国大学对于体育空气是很浓厚的。江苏有八大学联合会等组合，但参加的只百分之七八。其余都是老先生。无办法，也无方法去整顿，就使有方法也难。兄弟以为小学的体育要特别的改革，特别的整顿，这是根本办法，也尽是实情。今天天气太热，我也不再延长下去。总之，兄弟希望各位回去要切实的想办法：一，场地，二，经费，三，教师，四，教材，五，开放公共体育场给小孩们，六，设立体育视察员。因体育有关民族和民生等问题，各方应该一致提倡，各省，各县，各乡，各镇，同时大家一齐做起来，那才有希望。完了。

（原载《安徽教育》1930 年第 1 卷第 17 期）

功利主义及文化主义与体育

一、功利主义

吾国古代之哲学，主张功利主义者，当推墨子。墨家之功利主义，有人称之为“算账主义”，犹放债然，下一分本，则应有一分利，故墨子对于利天下之事，虽摩顶放踵亦为之。如死者虽认为有鬼，但厚葬认为发财，无益于死者，而有害于生人，故主张节葬。音乐非人生必须之品，故墨子又以为凡音乐之属，均属无用而可废。夫乐既可废，则一切美术亦当然在摈弃之列，推而广之，则今日所提倡之体育，纯为消耗之举，不能有丝毫之生产，根本无用。设起墨子于九原，则今日吾人提倡之体育，皆将认为如厚葬与音乐之可废矣。盖依墨子之主张，学校学生，他日不拉包车，何必练跑。今之田猎，利用猎枪，何必练习掷抢。他如篮球足球之戏，须费巨量金钱，更属无意识之举动。至于开运动会，则劳民伤财，大可不必。今之主张功利主义者，莫不有类此之论调，故有提倡以劳工代体育者，有以体育为预备军国民资格者，此辈皆受功利主义之影响。不知劳工与体育根本不同，劳工为他人代达目的，已为奴隶，十分烦恼。体育为教育之工具，一方又所以取得愉乐，已为主人，极有兴趣。此两者居相反之地位，焉得相代。倘依据功利主义以定体育目标，易致三大错误：

（一）体育对于劳力者有实用，劳心者可不习体育。例如跑可应于拉包车，对黄包车夫有贡献，其余不以拉车为生者，可不练跑。

（二）活动之有应用者练习之，无应用者完全摈弃之。例如掷标枪，掷棒球，可以应用于掷炸弹,有练习之价值,球戏无应用之余地,可以不练。

(三) 功利主义所设之目标太远,在儿童理想之外。例如习单杠上引体之动作,可以预备他日习海军之技能,儿童根本不能了解,决难引起其练习之心。盖儿童只知目前之兴味,满足目前之欲望,将来之应用,概不注意。例如,习游泳,确能准备海军技能,并避免日常危险,然教之者不必以此目标告儿童。若教授无方,不能引起儿童之兴味,督励儿童之努力,即示以有用之目标,亦属无益。总之依据功利所谓之目标而选择体育上之活动,决不合儿童心理,在实施上发生绝大疑问。

以上三种错误从狭义的功利主义产生。故依狭义的功利主义而办体育,必蹈干燥无味,肤浅偏狭之弊,体育之重要目标或反致抛荒。狭义的功利主义之不足以为办理体育之基本原则,至为明显。杜威亦提倡功利主义,所定之教育目标为"繁荣生活"(Enrich the life),何等远大而浑括。以教育作出发点,至所欲达目标之间,路径之变化无穷,手段亦至复杂,决不若狭义功利主义之直接而简单。且也,环境常起变迁,方法应随之改变。生活之前进无止境,活动应从一种而引入他种活动(activity leading to further activity),故本杜威之主张,体育应具活动性(dynamic in nature)。狭义的功利主义,蔑视环境之变迁,假定生活不活动,故循狭义的功利主义而办之体育,非流于呆板不可。

杜威以欣赏为教育之重要价值,以想像为欣赏之媒介,以游戏活动为想像之事业。本杜威之主张,体育可算是欣赏之事业。纵令体育不能完全为欣赏,而欣赏确不可缺。夫体育一方面既为欣赏,则从事之目的决不能专为应用。墨子漠视欣赏之价值,其主张流于肤浅偏狭。杜威之教育主义亦有功利主义之意味,然较墨子之主张为远大而浑括。故与其采墨子功利主义,宁宗杜威之功利主义也。

二、文化主义

倡文化教育最力者莫如德国之斯普兰格(Eduard Spranger)。今日德国之新教育学识,均以氏之文化哲学为基础。氏说:"所谓教育,是将一人的爱移渡于他人心中的意思,而这意思,则在把人之价值受纳性与价值创造性的全体,从其内部而使之发展。”其意即教育为利用儿童之价值受纳性以现代之文化传授之，于是文化即同化于儿童之精神中。此后由儿童之价值创造性，在内部起蕃殖作用而实现文化的创造。前半表示教育之动作，后半表示教育之目的，而教育之对象为文化之创造。此为斯普兰格文化教育之真谛。

以外氏尚有一种主张不可不注意者，即氏以与生命无关系之学识，作为人格内部无生命之物，此种无关系之学识即科学，故科学与教育在对立之地位。科学不顾人生直接之关系，系一种板滞的研究工作，虽井然有条，但与人格无关系。教育则为被教育者摄取各种文化的价值，而使其消化于自己之人格生命中，以充实其内容。

体育为陶冶人格之一种工具，既非科学，又非专是技术。据斯普兰格之文化教育主义，体育为文化之一种，确有陶冶之价值。故体育亦应以传达文化与创造文化为目的。从体育之技术方面而论，应以现有者教青年，使发明新技术，由旧纪录造新纪录也。于是人群之于欣赏方面，亦将日有进步。从人格陶冶方面而论，由旧运动道德，由个人之人格特质，扩而为社会及公民之人格特质，更由运动道德扩而寻常生活上之道德。是故根据文化教育主义之效用与目的，至为广大，决非为肤浅与局部之应用而已也。体育之目的，若专在技能上之应用，或藉练体育之活动，达一种与文化无关系之目的，则根本错误。要知应用为体育之副产品，并为自然之结果，不必专以之为目的也。例如，体育可以养成军士教育之基本技能，然体育却不能以养成军国民为目的。若以军国民为目的，体育即成为呆板无生气之活动，将蹈从前德国体育之覆辙。今日德国之解放派（提倡裸体运动者）以德国运动成绩不如美国，归咎于旧式体育之恶影响。虽其观点不同，而从前体育之失去陶冶价值，确是错误。吾国华东华北诸大学之体育，类多偏重于比赛，以争得学校名誉为前提，去文化教育主义更远矣。

三、结论

文化主义与功利主义互相对立，在体育不可不两者兼顾，盖不顾功利主义，体育恐蹈空泛无捉摸之弊。不顾文化主义，恐蹈肤浅无意义之弊。虽然吾人对肤浅短近之功利主义根本怀疑，盖人为万物之灵，知识机巧，品性行为，能量(Capacity)最大。不论教育或体育，须尽其能量而发展之，使其在他日有随意应付环境而不失败之能力。一方社会环境至为复杂，须用各种知识各种机巧，各种品性行为以应付之，决非一种知识一种机巧，品性行为所能济事。肤浅短近之功利主义，决不能养成广大之一种知识机巧及品性行为。根据此种功利主义所训练之国民，决不能应付复杂之环境也。吼善灵顿氏(Hetherington)* 所定之五项体育目的中，以应付社会(Social adjustment)为远大之目的，作者极表同情。他说："训练身体之活动，所以发达广大范围之权能(a great range of powers)，藉此种权能以树立应付之能力。此种活动是发达成人对于任何方面作有效的应付之基础。"他又说："活动对于成人之价值，并非在活动之迁移(carry over of the activities)，但在其发达之结果。"肤浅偏狭之功利主义，大概指活动本身之应用，氏反对之，意在言外。故作者之意见，功利主义不能不顾到，但非肤浅狭窄的功利主义，乃广阔远大之功利主义也。至于文化主义，其标准更高，而所达之目的更为远大。办体育者，应以文化主义为主要之原则，以广阔远大之功利主义为副原则，两面顾到，庶无流弊。

（原载《体育季刊》1933 年第 1 卷第 2 期）

* School Program in Physical Education

今后体育须顾国民经济

吾国自维新以来,前后数十年,可谓无时无事不效法欧美物质文明。然而,讲科学,不得不买外国仪器,兴工业,不能不购外国机械。羡摩登生活,不得不用外国商品。物质文明愈讲究,国家经济之消耗愈多,而每年之出超亦愈增。常此以往,国家经济,终有山穷水尽之一日,不待强邻之攻取,国家已自臻崩溃自灭之地步。故吾国之大患,不在强寇之压境,而在经济之受侵略。强寇之来有形有声,人人知出而防御之,惟经济侵略,则被人之吸血抽髓而不自知,其来也渐,其为患也深。全国知识份子,不能不从早觉悟,从事补救。补救之道,惟有提倡生产教育。体育为教育之一种,虽不能直接生产,而其推行也,却不能违背教育生产之宗旨。然试考吾国体育近史,凡体育上所用运动器具,何一非外国出品。与讲科学之购外国仪器,与工业之购外国机械,羡摩登生活之购洋货,前后如出一辙,其增加漏卮与他种事业毫无二致。故体育从教育方面看,固能锻炼体格,陶冶品性,而从经济方面看,则销靡国民经济,大有背乎教育生产之宗旨,去教育救国之旨远矣。矫正之法,惟有两途:一、改良运动器具制造;二、竭力推用国产运动器具。

(一) 改良运动器具制造　吾国历来所用之运动器具,大半自美国舶来,论篮球必称斯堡丁(Spalding)。论网球拍,必推特来弗(Driver)或金牌(Gold-medal)。论网球必推斯拉孙权(Slazenger)。上海之士评强华以及新新永安各公司,皆为发售英美运动器具之所。十余年来,输出之金钱每年在百万以上(看下表)。

三年前中国玩具及游戏器具之出口总额	
年　份	银额以关平两为单位
民国十三年	1.409.414
民国十四年	212.015
民国十五年	198.233
民国十六年	151.924
民国十七年	132.035
民国十八年	123.760
民国十九年	197.902

三年前各年之玩具及运动器具进口之总额	
年份	以关平两为单位
民国十二年	1.444.469
民国十三年	1.384.889
民国十四年	1.165.672
民国十五年	1.406.135
民国十六年	1.099.794
民国十七年	1.439.606
民国十八年	1.389.288
民国十九年	1.834.305

自民国四五年间保定布云厂制球拍，民国六年天津利生工厂制篮球足球等，国产运动器具，始见用于北方各学校。近年来，更有北平之利华，天津之春合志同，上海之标准运动公司，相继制造，工厂愈多，竞争愈烈，进步亦愈速。今华北各大中小学，几乎全用国货，在长江以南，亦已在推行中，抵制非国产品不少。然球之轻重问题，持久问题，形式问题，尚未能尽合乎标准，此不得不从刮皮制皮配皮缝皮等各方面，从事改良，乃能达完善之境。吾国原料价廉，工资低薄，汇兑率低，苟出品之精良，只达外货百分之八十之程度，自不但能抵制外货，并能增加出口。本年北平京奇行运出之网球网，仁立公司运出之网球拍，动辄以千计，足球篮球等亦未始非有同样出口之可能。从前中国运动器具出口额只及进口额十分之一(看上表)，以后输出之额将愈多，体育能促进生产，所谓生产教育，体育能助其达目的，于国家经济有无穷尽之裨益焉。

(二) 提倡使用国产运动器具　本体育顾及国家经济之主张，全国体育界人士应一方督促各工厂尽量改良，一方亦应抱爱国精神，不论国货优劣程度如何，总是尽量购用。凡在各省市运动会中，尤以全国运动会中所用器具，应一律尽属国产。所谓标准篮球，标准足球，或队球，可由体育专家从各厂中选择其重量形式之合法者而表出之。例如足球以甲厂之某种为标准，篮球以乙厂之某种为标准，不论大小运动会，均用此标准球类，则各机关各学校自能闻风响应，欲令其不用，亦不可得矣。惜乎，此次筹备之全国运动会之执行者，未能了解此点，所有球类及田径运动器具，一律采外国出品，一若非购得外国货不能表执行者之干才者，非使用外国货不能有良好成绩者，场上非陈列外国货不足以表示此盛举者，不知识者反识其识见之偏狭，眼光之短小，并不明体育之真义与国家之大势也。故识者主张此次已购之外国运动器具，除本国不能制造者外，悉数封存或转卖，另向各工厂捐助一套，以供会中使用，但会中可省一笔开支，而重要之提倡国货之目的达矣。

以上所论者为国家经济之关系，推行体育时，固不能不顾及。此外尚有一地方或一学校之经济，则推行之时亦须顾及，吾国受政治军政之影响，教育经费，向甚支绌，教育经费，除教员之薪金外，无特别预算，国立或者省立各学校，类多以学生所缴之运动费为主要收入，大多只能供购球类及简单运动器械之用，重要建筑如体育馆游泳池之类，均无力建造。至于市立县立各中小学校，则经费更支绌，而学生所纳之费亦较微，体育之建筑与设备，更无法举办。在此种场合，体育教员应考虑经费状况，觅简单之办法。例如无正式标枪，可代以加铁头之竹竿。无铅球，可代以有石块。无木马，可代以粗笨之长凳。无操室，可代以厅堂。无游泳池，可代以清洁之河流或积泉为池。据作者之意见，各种运动，只须空间问题解决，设备总有简便办法可想。今各大学体育系毕业生，往往以为无游泳池不能游泳，无良好器械不能做机巧运动，在经费困难之中，不想省经济办法，体育殊难普及。体育为环境之产品，亦宜迁就环境。在穷环境，应想穷办法，实为目前体育行政上之重要对策，或问目前之环境既如是困穷，何不改变体育教材。无运动器具，何不用不需要器具之活动。无操室或运动场，何不采无需大场之活动。作者应之曰照足下见解，将不免蹈美国一八八九年有名体育会议之覆辙。此会议在波士顿举行，会员包括教育家体育专家及学校行政人员。当时教育人员定有数条件：(1)所费之时间须少；(2)不必有特殊训练之教师；(3)活动可在教室举行；(4)活动不必用器械；体育专家照此条件定去，结果即有十分钟体操之产生。在吾国现在学校经济状况之下，按问者之简介做去，将亦有类似十分钟体操之活动发现。试问此类活动，是否合理，此不得不从原则方面以求解决。

（一）活动须合儿童本性的需要　人类之从事跑跳掷举攀悬等天然活动，经极长演进之历史，早已深入脑经，成本性之一。故儿童本性之所需要者为自然活动，如田径运动球戏及有用等，而非人为之体操，以体操为体育之惟一教材，大背儿童之本性。

（二）活动须合发达应付环境技能之需要　特质环境，变化至多，小之则汽车电车之重装，大之则战争之爆发，皆须人群之高等技能以应付之。而此种技能须从竞技运动球戏机巧运动中得来，非体操所能养成之，体操不能应此需要。

（三）活动须合陶冶品性之需要　正当之运动态度，个人社交之品格，端赖团体运动养成，体操之为活动，不但个人与环境间无关，且个人与个人间无关系，品性方面无陶冶之可能，故不能应此种之需要。

（原载《中华教育界》1934年第21卷第7期，后又发表于《河北教育公报》1934年第7卷第25—26期）

体育之国界问题

体育之国界问题，作者已见询数次，觉其内容复杂，性质重要，凡一国之体育宗旨之确定，制度之建立，系统之编制，方法之采择，活动之拣选，莫不待此问题之先决。爰拟此篇，以与当代教育家及体育家一讨论之。

体育界中对于本问题，大概有两派主张：第一派为闭关主义，以为外国之体育宗旨，体育系统，体育方法，以及体育活动，绝不适用，不能藉以资借镜。凡属本国者，不问新旧，不论宜否，均应保留，一以保存国粹，一以维持国魂。第二派为开放主义，以为人类为一元，身体之构造，生理之功能，发达之需要，心理之要求，对于体育方法与活动之态度等，不论黄白红黑棕，莫不相同。国境为人为之界限，可从交通之便利，文字言语之沟通，意见思想之调和，进世界于大同。以故体育之宗旨制度系统方法及活动，各国可以通用，不能以国家之界限而分畛域。此两种主张，弊在笼统，各有所是，各有其非，而两派最大误谬之点，在交相抹煞一部份之事实，故致各走极端，如冰炭之不相容，枘凿不相入。闭关主义之误点在偏信体育之宗旨制度系统方法活动，全赖社会的要素而决定，如历史背景政治经济思想风俗为唯一之标准，而抹煞个人身体的构造，生理上之功能，发达之需要，心理上之需要，对于各种体育方法与活动之态度等之人类共同要素，并认一国之历史背景，社会背景，以及政治经济思想风俗之绝对不能相同而然也。开放主义藐视历史背景之异点，社会背景之差别，以及政治经济思想风俗之不同，并作世界大同之梦想，故有此极端之主张。体育若依闭关主义而实施，则制度每流陈腐，方法易趋偏狭，难应时代之要求。反之依开放主义而推行，则趋时逐势,隔靴搔痒,不切本国之实用。故凡从事体育者,不能不分析体育之内容,何者须守国界,何者须破国界,何者应守国界而同时又须破国界,不能不加以讨究。讨究之对象据管见所及,可分以下数端:

一、体育行政制度

一国土地之广狭,人口之多寡,体育历史之背景,政治组织之系统,国家经济之状况,皆足以左右体育之行政制度。上述之各要素,甲国与乙国不同时,甲国之体育行政制度即不能应用之于乙国。美国之普通教育,由各州自主,联邦政府,竟处于旁立之地位,内政部中有教育科,科中有体育及卫生组(Division of Physical Education & Hygiene),其重要职务不过为调查各州及各处局部社之法令政策办理步骤,不时发行报告而已,对于全国体育管理之权,可谓极微。是因美国各州之教育法令,各有不同,难以划一之中央教育系统统一之也。德国普鲁士省教育高级行政机关,为科学艺术及国民教育部。部份为四处,第四处即为体操及体育处(Abteilung für Leibsübungen und Körperliche Erziehung)。体育处在行政上之地位之重要可知。是因德国在欧战以后,各国禁止德人练兵,德国政府有寓兵于体育之意,故竭力提倡体育。各联邦之体育既十分发达,自当有完密之体育行政机构以管理之,德国各省之有极重要之体育行政组织,所以应国内之要求也。

吾国中央体育行政组织若仿美国,则必将全国体育会议所决定之教育部社会教育司设体育科之议决案打销,而将管理体育之权委之各省。按吾国各省之政治状况,教育行政组织,经济力量,以及行政人员对于体育之态度,绝对无设体育行政人员之可能。以此种组织而推行吾国体育,欲求其效果,犹缘木而求鱼也。反之,若仿德国普鲁士省,则今日之各省教育厅须添设体育科,自科以下尚须有科员若干人,以现在之人才经济状况而论,则势觉更不可能。由是观之,一国之体育行政制度须合于政治组织国内之需要经济之状况,不能直接抄袭外国,而国界万难打破也。

二、体育之宗旨

宗旨为最远大之鹄的，为目的之再进一步之目的。美国之教育宗旨为繁荣生活，故体育之宗旨亦须合繁荣生活之宗旨。凡谋个人健康，善用间暇，为家庭良好份子等目的，皆与此宗旨符合。盖此种宗旨之确定，纯乎依照美国之国情来也。溯自美国脱离英国羁绊，二百年来，休养生息，尽地利，精制造，对外贸易，积年出超，人民富庶，歌舞升平，已非一日，及欧战之后，成独一无二之债权国，人民生活，盖见丰裕，故此种教育宗旨，切合美国国情与环境。反观十九世纪德国杨氏之体育，则觉美国有大相径庭之处。杨氏之教育宗旨为健康自由愉快信赖，考其定此四种宗旨之用意，无非因能会意而不言传之主义存乎心。盖一八〇八年间，全德为拿破仑征服，外患之急，达于极点。加以国内上有公侯之擅横，中有地主之压迫，下有未教之民，一盘散沙。忧国之士如杨氏者，起而以体育相号召，所以藉体育会之名，纠合同志，营救国之工作也。细究之其表面上之宗旨，有不得不如是者。其一曰健康，盖健康为百业之本，人当健康破坏之时，百事毁心，即轻微简易之举，如代长者折枝之劳，且不愿为，况大之须牺牲其生命，小之毁伤其体肤之救国工作耶？杨氏以健康居宗旨之首，盖有深意存焉。次曰自由，盖当时德国人民之束缚，共有三重，外为强邻征服之束缚，内为公侯专横之束缚，切身者为地主敲剥之束缚，所谓自由者，即解脱此三重之束缚耳，其意义极重大。其次曰愉快，盖愉快者乐观之意，乐观则精神健全，万事勇为。悲观则百事杀心，与健康之破坏同。此宗旨与健康有同样重要。终曰信赖，盖信赖为成事之本，人之不足恃者，虽家人父子，尚不愿与谋家庭琐碎之事，况合一国之人而谋全国全民族振兴之事业乎？故信赖者亦为救国民众应有之性格。综观杨氏之教育宗旨，亦为应时世之要求国内外之政治情形而决定，断非抄袭何国体育之宗旨而来也。一国之体育宗旨，既纯乎应时世之要求而来，则一国之处境相同者，宗旨亦不妨相同，要求与处境有部份相同者，体育宗旨之一部份亦可相同。其同也既非如持开放主义者之盲然抄袭，其不同也又非如持闭关主义者有意立异，无所谓国界之存于其间也。

三、体育之目的

体育目的之本身，可分为发达身体，陶冶品格，与培养消遣技能三项，三项之中，与国家之人为界限之关系最少者，莫如发达身体一项。均是人也，同有其体，而体均欲其发达也，故发达身体一项，不论其皮色（黄白红黑棕），无分于东西，莫不相同也。其同也，亦不得谓之抄袭异国也。其次为陶冶品格，品格有三种，一属对己，二属对人，三属对国家。是三者不论任何国国民皆应有充分之陶冶，惟因政治之不同，国家组织之特点，可有多少之出入耳。例如日本人民之公民道德爱国牺牲之外，尚须有尊王之特点是也。是故陶冶品格与发达身体之二目的，各国可完全通用。复次，养成消遣技能则随国内工商组织及一切物质的环境而变迁。例如美国体育目的之最重要者，为善用余暇，实因美国社会已进至工商社会，大多数民众从事工商，需要消遣之活动。又因劳资之间，互相谅解，工作时间缩短，闲暇时间增长，于是美国人民有时间行消遣之活动。故体育之消遣一目的，适合于美国之环境。反之吾国以农立国，农夫终日置身田亩，无时间运动，即城市之间，办有一二工厂，而工作时间极长，消遣未成问题，体育之消遣一目的，以中国之全民而言，不能为吾国体育之重目的。由是观之消遣一目的，显然有与一国生产事业有直接关系，两国之生产事业相同者，注重消遣技能之训练程度不妨相同。其相同也，谓之抄袭可，谓之应社会之要求亦可。

四、体育方法

今之论方法者，莫不曰须根据科学。体育教学法根据心理，记分法根据统计，运动学根据物理解剖，体育建筑根据物理工程学。科学无国界，方法亦即无国界。且科学之进步，日新月异，方法而守国界，则必故步自封，不能追随崭新之趋势，即其方法当时合乎科学之原则，而时过境迁，将成非科学之方法矣。故欲体育方法保持国家之界限者，落伍之体育家也。

五、体育活动

关于活动问题，作者曾与大公报记者在二十一年七月大公社论栏作洋土体育之辩。主张土体育者，以为中国人应从事中国之体育活动，如国术是，不应提倡现今所用之竞技术运动，以其来自外国也。按此派之主张，即体育应守国界之意，真堪发噱。夫活动之适用与否，第一须问是否合于生理；第二须问是否合心理；第三须问是否须合个人与社会的需要。国界之要素，完全与动作之选择漠不相关。人类身体之结构同，生理之作用同，活动之合于外人者亦合于中国人也，何有乎中外。人种不论白黄红黑，皆经洪荒时代而进化至今代，其与草木同居与毒虫鸟兽竞争之历史同也，其习于跑跳奔腾之技术以得食与避害同也，此种原始活动，深入于各种人类之脑际，以发现于小学儿童之游戏生活中亦同也，反之，彼人为的活动，如体操兵操之类，外国儿童深恶之，中国儿童亦厌弃之，其消极方面之趋势亦同也，故活动之合于中国儿童心理者，亦合于外国儿童心理，合于外国儿童心理者，亦合于中国儿童之心理。依洋土之说，则合于吾国儿童之心理者，虽洋亦可谓之土，不合于吾国儿童之心理者，对外国儿童亦是洋，对吾国儿童则洋而又洋者也。今一般之主有洋土之界限者，以现在所风行之竞技运动为洋体育，以其来自外洋也。不知此类活动，自跑跳攀掷之基本活动合成。吾国先民数千年前，早已熟习之，而深入吾民族之脑海矣。对目前极短之时光，则觉其为洋，而考先民极长之历史，则实是土而非洋也。况竞技运动发达身体之效能至大，是合于个人之需要也，竞技运动之基本动作为跑跳攀掷，亦即战争中所用之基本技能，亦合于国难中之社会需要也，何洋土之有。又不观夫国术乎，主张土洋之说者，以为此系国粹，中国人有特别之权利练习之，外人则无之。不知数十年前，日人取其精华，加以系统之组织，参以科学之方法，编成柔术，日本全国风行之，欧美亦练习之，足见活动之有价值者，对中国虽为土，而对外国则亦将视为土也。吾国主洋土之说者未闻有起而提倡之者是又以土为洋矣，不亦怪夫。是故不论何种活动，不能以其国粹而提倡之，亦不能因其舶来而鄙弃之，当以其是否合于生理心理及个人社会之需要而定其取舍之方针。彼主张活动有国界者,实不通之论也。

总之体育制度,体育宗旨,体育目的,体育方法,体育活动等之趋向,以适合于个人与社会之需要国家政治经济之状况而定取舍之方针。国界一要素,实无考虑之价值,适合于需要者,虽舶来亦不妨采用,不合于需要者即土产亦无所用之。关于体育之洋土问题,为一般体育同志心目中欲解决之问题,是否有当,望有以指教之。

(原载《国立中央大学教育丛刊》1935 年第 2 卷第 2 期)

体育与民族复兴之关系[①]

(吴蕴瑞先生演讲于首都遗族学校)

诸位均为过去参加革命阵亡将士之子弟,兄弟能与党国效劳者的子弟讲演,不胜荣幸,今天讲的题目为《体育与民族复兴之关系》。

中国之民族现状如何?曰愚,曰弱,推其原因,其主要者,有下列数端:

一、政治的关系

秦始皇收集天下之兵器,杀戮天下之豪杰,焚书坑儒,希一人之强,万民之弱,一人之智,万民之愚,降至明太祖时,受后代帝皇之恶习,发明八股文章,以消磨有志气之青年,因之人民身体衰弱,智力低落,而对于农民,则绝对不给予受教育之机会,此即使人变强为弱,变智为愚之策也。洎乎民国成立,取消八股,但受一般遗老腐旧思想之侵蚀,一时难于革除故见。故数十年来屡受外国之侵辱,其所以然者,皆政治使之然也。

二、思想的关系

道家之清静无为,儒家之重文轻武。子路之勇,孔子鄙之,此即重文轻武之实例也。及至今日,体育少有端倪,但一般思想顽固之校长,犹不能觉悟,思想之落伍,一言难尽,因之使中国体育如是消沉。

---

① 原文署名为"俞晋祥、包和清记"。

欲挽救中国之危亡，非提倡体育不可。但提倡体育，不重于少数选手之奖励，乃注重一般青年，即所谓普遍化是也。因体育能使身体得充分之发达，肤色健美，五官灵敏机巧。例如快速之球击来，能应付裕如，百公尺之快速，万公尺之耐久，篮球之合作，足球之联络，均训练吾人之魂魄，发达吾人之精神者也。故知球戏及田径赛中能训练合作，勇敢，耐劳，等精神，由此可知，精神之休养与体育有莫大之关系在焉。

中国之所以受帝国主义压迫者，即缺乏合作之精神也。故挽救中国，首宜合作，若再不合作，国亡无日矣。故今后以体育养成强健之身体，以体育养成合作之精神，是为主要。

至于欲增高国际地位，取消不平等条约，关税自主，收回失地，尤非强健国民之体格，砥砺国民之精神不可！如国民有强健之体格，团结合作之精神，则一切不平等条约，不除而自除，且可与列强作正式之抵抗焉。但欲言抵抗，须具各种作战之基本技能，以为奋斗之准备，此种基本技能，则须于体育训练中得之。

外国之尚武精神，均由体育训练中获得，故知体育为强国之基本，更为战争之所必需者。从历史上观之，普法战争，德为法拿破仑所败，于是杨氏提倡体育，训练青年。滑铁卢之役，杨氏之十二万会员，参与作战而大败法国。岳飞屡败金人，则收效形意拳之提倡。由此可见，体育对于国家之功效矣。

今日之战争，立体之战争也，以空军最为可怕有效。我国若欲抗敌图强，则非发达空军不可，但设有飞机，而无驾驶者，则亦属徒然，故第一须训练飞行员，驾驶飞机，须具有强健之体魄，而强健之体魄，则须于体育训练中得之。诸君曾见鹰之捕鸟乎，先盘旋空中，飞入云霄，然后据高临下，一举成擒。空军作战，亦复如是。故高飞一事，实为训练空军中之第一要点也。据生理之研究，肺之呼吸如抽气之唧筒，飞机飞入空中，愈高则空气愈稀，压力渐小，若无广大之肺量，充分之红血球，则氧之吸收不够，以致头昏目眩，四肢疲惫，而失去驾驶之能力。然曾受有体育训练者，其肺量较常人为大，红血球较常人为多，故虽入云霄，仍能应付裕如，而得最后之胜利也。吾人于赛跑时气喘如牛，即因氧之不足所致，若不断供给适量之氧，则不致疲劳矣。

世界各飞机技巧术最高者，莫如俄国与欧陆诸国，因俄国地处高原，人民之肺量较大，红血球较多，体格强健，故能控制自然。日本之陆海军虽强，然其人民体力，缺乏红血球，不宜于高空飞行，其所以不敢轻视俄国者，即俄国之空军也。

我国据最近之测验，国人之肺量，较日人为大，红血球较日人为多。若能加以严格之训练，充实我空军力量，则数年之后，决不再受帝国主义之压迫矣。故欲救中国，亟须提倡体育。但体育之项目众多，对于身体最有益而能发达肺量者，有长跑，游泳，划船等运动。希望诸位小朋友，读书不忘救国，准备一切，锻炼健全之体格，以继续尔父战死沙场之志愿，来救我伟大之中华民族。

（原载《体育杂志》1935 年第 1 卷第 2 期）

体育科学化

今之谈体育者，每日体育之内容系各种技术，并非属一种科学。研究体育，只练运动可矣，无须应用科学。此种见解，不但外界人为然，即体育界中人亦比比皆是也。前者鄙视体育，以为科学为高深学问，彼江湖卖技者之术，有何应用科学之言。后者误认体育，以能跑能跳为能事，以科学原理为迂远而不肯研究。故科学终不能应用于体育，而体育所以亦终不能科学化也。作者自惭学识浅陋，对科学无大根底，然讲运动方法、教学方法以及体育原理等，无处不思应用科学。故愿将体育能应用科学之点，乘本报发刊全运会专号之便，一一略述之。

一、运动应用力学

人体为一极活动之机械，世界最复杂之机械，尚不能望其项背。因机械普通做一种运动，且向一方向运动，而人之身体则可做千变万化之运动，其方向依立体空间，可有上下三百六十度，左右三百六十度，前后三百六十度，其方向之多，亦可谓千变万化。故机械之应用力学公式，只有一部份，而人体之机械因合宜于做各种运动，其应用力学原理更为复杂。作者曾著《运动学》一书，内有应用力学一编，即按力学内容之次序，将公式或定理逐一应用于各种运动项目。力学上之公式有不完全时，往往自推公式以解释之，例如摆之运动，不能只讲时间与摆之长短问题，亦须顾及摆之长短与摆角之关系，摆之长短与速度及加速度之关系。作者为应用起见，曾推出新公式数种，以解释应用摆之运动项目，如撑竿跳高是。此外，离心力之应用于铁饼，圆运动之应用于人体内之各种运动，牛顿第一定律之应用于起跑，第二定律之应用于跳远，第三定律之应用于跳掷各项目，以及速度之测量，工率之计算等，不遑枚举。无他，现在之运动成绩打破纪录者，日有所闻，惟成绩愈高，进步愈难，必须应用力学原理以改良其方法，然后再有进步之希望。

二、体育应用解剖学

解剖之应用于体育最早，自有体操之始，即应用之。一八九五年，瑞典体育家包锐氏(Posse)以肌肉解释各种体操动作，今之讲改正体操及准备体操者仍应用之。例如一人两肩有高低，此由于肩低的方面提肩之肌肉（如斜方肌上部及菱形肌等）太弱所致，故需注意操练低的方面提肩胛之诸肌肉。故欲选择改正之动作，以适合于个人需要，需应用解剖学。又如一掷铁饼之运动员欲行转身，若身体之腹外斜肌腹内斜肌及脊柱上之多裂肌，回旋肌等太弱，则须按解剖之结果以加强之；又若其胸之大肌太短，则可用伸展之动作以增长之。解剖学之应用于体育部份者，以肌肉一章为最早而且多，其余各部份为生理学之基础，亦间接应用于体育。

三、体育应用生理学

生理之应用于体育亦不迟，一八八〇年间，瑞典体育家即以其应用生理学相号召。一九一〇年间，美国体育家有运动生理之著作，于是生理之用于体育者更切实。例如运动对于骨与关节生长之关系，运动对于肌肉之关系，肌肉工作之生理学的步骤，运动对于神经系统之训练，运动对于呼吸器之影响，运动对于心与其活动之影响，运动对于新陈代谢之影响等，皆为生理学切实应用于体育之处。最近运动生理学鸿篇巨册，层出不穷。生理之应用于体育之点益多，运动之对于身体将益趋于有利而无弊之境矣。

四、体育应用心理学

心理学之应用于体育较解剖与生理为迟。至一千九百十五六年间，始有美国体育家应用心理学之动机，当时不过将心理学原则之可以应用体育者摘出之，如学习原则，学习顺序，学习曲线，训练迁移，运动感应结之造成等是也。故当时心理学对于体育之应用，不如生理之广而专，因之《体育心理学》一书，吾人初知其名而未见其书也。至一九二八年格立夫氏（Griffith），有《心理学与竞技运动》，及《运动指导心理学》二书出版，惟内容偏于实际问题，未尝将心理学之各原则切实应用于各项运动。故体育心理学尚待吾人之研究焉。

五、体育应用生物学

体育应用生物学并不早。至最近十年，欧美之体育理论书籍中，始见有应用生物学之文字。实则生物学对于体育有极大之贡献，例如定体育目标，须应用达尔文之天演学说；讲体格大小之遗传，须依据孟德尔氏遗传学说；讲儿童身体之生长与发达问题，身体发育的训练问题，须根据动物进化之步骤，与人类发生学。生物对于体育之贡献，以儿童体育为最多。

以上五种，为直接应用于体育之科学，尚有其他科学如社会学哲学等，亦有应用于体育之处。凡百学问事业，墨守经验与陈法者，决难进步。移植于科学基础之上，新理乃可层出不穷而效能乃得增进。体育又何独不然？

（原载《科学画报》1935 年第 3 卷第 5 期）

体育与国防①

中央大学体育科主任吴蕴瑞近应本省暑期讲习会之聘来闽，在该会体育班讲授已纪报端，兹查吴氏前星期一曾在该会纪念周讲演体育与国防，颇为精采，特将原文照录于下：

诸位先生，诸位同学，今天我所讲的题目是“体育与国防”。诸位知道，世界上无论那一个国家，如果他是独立的，都有国防，而国防的坚固与否完全倚赖国民体育，现在我根据历史上来证明：

（一）德国被败于法——一八〇八年德国被拿破仑打败，当时德国的体育领袖杨氏提倡团体操，及器械运动，来训练国民，以谋抵抗强敌，所以才有滑铁卢的胜战。

（二）瑞典——十九世纪初叶，瑞典受俄国芬兰的侵略，丧师辱国，当时瑞典体育领袖凌氏，提倡瑞典式体操，与军事教育合并进行，强兵却敌，功绩灿然。

（三）德国欧战后——欧战后德国受到世界各强国的环攻，结果遂至失败，凡尔赛合约的签定，极严厉的不平等条约的束缚，便加诸德国身上，德国在这种无可如何的情势方面，他无日不在想民族复兴，以雪耻辱，这凡是留心国际现势的人，都能认得到的，德国复兴民族的方法，即是普及全民体育，强迫儿童学习游泳，社会民众全体总动员，受体育训练，现在宣告恢复军备，强盛一如战前，完全赖体育之功。

① 原文署名为“吴蕴瑞讲，刘广琳记”。

(四) 俄国——四周前俄国有十二万体育人才参加军事表演,这就是以体育来养成,军国民的意思。现在其他各国,如美,如日,莫不用同种方法,来树立国防的基础,体育上所以有如此功能,都因其能作以下的各种准备:

1. 技能上的准备——军兵打战时跳过壕沟,即体育上的跳过横木马等器械,其他如游泳等,皆是准备武装渡河的基础。这几种技能,就是体育技能应用于军事方面。

2. 体格上的准备——长期打仗而不疲乏,必须具有强健体格,和持久的耐劳力,尤其是空军,血内红血球的数目须多,因为空军以能高飞为贵,如飞高,则可居高临下,攻击他人,飞低则受人攻击,极高的空中,空气稀薄,养气的压力小,惟有多量血球的航空人员,能不减少其身体内的养气量,反之,红血球不足,一到高空身体顿呈疲乏,不堪活动,所以血球的多少,实与空军的成败攸关,不可不注意训练。而训练红血球最好的运动,以划船游泳为最,田径运动次了,器械操更次之。

3. 精神上的准备——体育可以养成国民服从,团结,勇敢,合作,冒险等精神,例如足球队,篮球队,排球队,可以训练国民的团结能力,有一致的精诚,器械,国术,可养成勇敢冒险的精神,这种种皆为战场上必需的精神,所以我们要提倡的。

由以上几点,可知体育能做军事上的准备,最后希望中国人民,不论农工商学兵,每人都要受体育训练,更希望党政长官,及教育行政人员,领导民众,督促民众,走入健康的途径,以图中国民族复兴。

(原载《体育杂志》1935 年第 1 卷第 3、4 合期)

体育与军事训练之关系

国家当内忧外患交迫之秋,生死存亡千钧一发之际,凡去忧除患救亡图存之策,如最近之体育强种之呼声,军事救国之建议,凡为黄帝之子孙者,莫不当群起响应,努力实行,岂容稍有怀疑之余地。然物有本末,事有先后,先军事而后体育,抑先体育而后军事,谋国者不可不慎重考虑。况吾国人民受数千年重文轻武风俗之影响,国民精神之颓唐,身体之羸弱,风俗之萎靡,可谓已达于极点,以此等民众之集团,若不加紧从事体育之训练,而仅仅教以应用之军事训练,欲其效力疆场难矣。乃社会人士,昧于军训与体育之关系,以为有军训可以放弃体育,于是主张军事训练可以包括体育者有之,主张专重军训,不需体育者有之,意见纷歧,致军事教育界与体育界不能互相调和,致两者不能互相为用,共达强身强国之目的,作者见此种情形,有不得已于言者,愿与热心救国者一讨论之。

(一) 体育为军事教育之基础

军事教育之内容至广,总而括之,当不外乎精神体格及技术之三种训练。此三者,军事教育本身可训练之者固多,而体育之贡献亦复不少,是可由下列数端证明:

1. 体育之精神训练

近代体育之趋势,除强健体格之外,并宜注重品性之陶冶,人格之培养。其属个人方面者,如勇敢、坚忍、进取、自制、冒险等,凡器械运动,球类运动,国术皆有培养此等性质之功用。其属公民方面者,为合作、牺牲、服从、忠心等,凡球类运动如足球、篮球等,皆有培养之功能。此等精神为近代军士所不可少之要素,而体育能培养之,故从精神训练之一端而言,体育实为军事之基础,其理甚明。

2. 体育之体格训练

体格训练一端,寻常指身体之外形及肌肉之发达而言,实则犹有耐劳之力量,内脏功能之旺盛,神经反应之灵敏,各部肢体之调协,肺量之增加等,均在体格训练范围之内,而为军士体格之重要要素也。此种训练,非藉器械运动、国术、田径运动、球类运动等训练之不可,断非军事训练中托枪、走步、射击、以及其他军事之活动所能练成,故欧西各国之训练兵士,同时兼做他种运动,以谋多方面之进步。一方亦未始非因军事训练之对于体格训练之不完全而有以补救之。故从体格之训练方面而论,体育为军事教育之基础,其理亦甚明。

3. 体育对于基本技能之训练

军事上之技能至广,而基本之技能端赖体育之活动以养成之;例如掷炸弹,非有掷棒球掷标枪之基础,不能准而且远。飞机之翻身,空军非习器械上之绕圈动作,不能有倒身之习惯。枪炮之射击,子弹之装送,非身巧手敏,不能准而且速。他如冲锋、越濠,非有跑、跳、奔腾之技不能制胜,举动敏捷者杀人,迟钝者见杀于人,自然之理也。故体育能训练各种基本技能,间接所以培养军士之基本技能,体育对于军事教育之贡献,实非浅鲜。

4. 体育有助军事教育之历史上之证据

昔英国威灵顿败拿破仑于滑铁卢,人皆归功于氏,而氏则归功于教克列寇脱(Cricket)球戏之教师,因克列寇脱球,类似美国之棒球,可以养成勇敢而合作之精神,投射之技术,活泼之身体也。球戏为军事教育之基础其一例也。十八世纪之末,拿破仑蹂躏全欧,德国各联邦分崩离析,一盘散沙,德国体育始祖杨氏纠合民众,提倡体育,体育会社,广面全国,会员之数,竟达数十万。其后滑铁卢之战,杨氏之徒,参加者有十二万人之多,大败拿破仑。体育对于军事之贡献至大且远,其例二也。

（二）体育与军事教育宜互相调和不可互相冲突

体育之内容，与军事教育之内容不同，体育属基本的，军事训练属应用的。非常时期之体育，若不能作军事之准备，不得谓之合时之体育。军事训练而以体育活动替代，不得谓之切实之军事训练。已往之体育专重自然活动，缺乏纪律，对于基本技能及体力固能增进，而对于精神之训练，则感不足。已往之军事训练专事托枪，走步，为徒有形式之训练，缺乏实际技术之学习。以后之体育在锻炼体格与养成基本技术之外，应注意守纪律，服从领袖，养成军事精神之基础。一方军事训练，应注意实际活动，如练射击、炮击、掘壕、及野外演习等，不能以托枪走步为惟一之训练材料，更不能以无枪可射，可炮无击，而以体育活动作军事训练之内容。如是，则体育与军事教育可收调和而合作之效，共达准备国防之目的。

（三）年龄对于体育与军事之关系

年幼儿童，好事游戏，性也。教育家利用儿童游戏之本性，授以活泼而自然之体育材料，儿童习之，兴味油然而生。此时虽欲禁止之而不可得也。于是儿童之体格得以锻炼，身体之机巧于是养成。军事训练，性质重纪律，方法尚严格，动作欠自由。以之训练高中学生或成人则可，以之训练小学儿童初中学生，不啻违反其本性，剥夺其发展身体之机会，所谓军士之体格，将何以养成。是故体育与军事，虽同为国防教育，而实施之次序当有先后，小学初中注重体育，高中体育军事并重，大学生与民众当重军事教育。无他，年龄不同，故兴趣亦异也。

（四）体育教师与军事教官

体育对于军事训练之贡献已如上，然如何能使体育对于军事训练有贡献，则为极紧要之问题。体育之内容至广，技术之种类亦多，方法亦繁，教学之方法，行政与管理之手续，学理之讨究，绝非短期所能学成。体育师资之训练，在美国则高中毕业，大学有四年之功课。在德国高中毕业，大学有三年之功课。

在意大利，日本多属四年。吾国亦采大学四年之制，犹感不足，良以体育所包含之技能学理太多而然也。乃近颇有主张将现任之军事教官，受三月之体育训练，即出而兼任中学体育，以补体育师资之缺乏者，其意固属不恶，然试问，此三月之久，其所能学成者有几何？将来担任体育教师能教之活动有几何？此不能不令人怀疑者一。体育学术与方法均依据各种科学而来，在此极短期间能否澈底了解，此不能不令人怀疑者二。军事训练本身内容，作者系门外汉，不得而知。当此科学昌明，所谓毒气战争，空军以及各种防守攻击方法，日新月异，军事教官以其教学之余，从事追随之不暇，焉有耘人之田之余地，此不得不令人怀疑者三。是故体育与军事各有领域，各有专门，军事教官之不能兼教体育，犹体育教师之不能教军事。若云：军事教官受训三月即能教体育，则结果体育将不成其为体育，对于军事之贡献，无法能获得矣。

以上数端，为日前体育与军事训练间发生之重要问题，与国家将来之国防前途有关，兹恐体育误入歧途，敢抒所见，以供当局参考。

（原载《体育季刊》1936年第2卷第2期）

体育之品格训练及我国国民之需要此种品格

五十年来体育之思潮演变至多。最初体育之目的在使身体平均发达，比例适当。肌肉照所定之匀而丰美者，人多欣赏之。其后以为外观之美，于健康之增进，内脏之发育，环境之应付，无任何价值，故体育之目的一变而为发达各器官之能力，体育之为发达健康之宗旨自此期始。其后觉体育专为健康，尚嫌狭窄，故又加以消遣之目的，于是游戏运动极盛一时。当时以为教员可不必有专门之训练，能组织队伍，执行裁判，已尽能事。二十前年，又觉健康与消遣为体育之当然结果，以之为目的，太不能尽体育之能事，故于二种目的之外，另加以教育之目的。在运动之时联带训练学生之品格，将使体育员益有价值。于是研究体育心理，讨究体育原理，将以前体育训练身体与观之主义放弃，正式之教学方法废除，在发达内脏，发展健康，养成消遣技能之外，注意品格之训练，人品之淘冶。二十年来之体育，实在此旋涡中流转，精益求精，不能不谓有极大之进步。虽然体育是否能训练品格？及其所能训练者系何种品格？此等品格是否有迁移之可能？此为体育界内外学者所注意之问题，兹就研究所得分条答于下：

一、体育是否能训练品格

体育之能训练品格，先进国家体育与教育专家，讨论至详。兹为作具体而详实之讨论起见将体育与他种课目比较。会举国语一种课目为例。在此课目教学进程之中，问答讲解，各教师与各个学生之间，固有刺激与反应之作用，而所用之器官不过限于耳目而已。各儿童之间，未见有刺激与反应之作用也。儿童本能之机构(instinctive mechanism)未受到刺激与反应之作用也。因之与道德有关系之行为亦未之见也。游戏则不然,就五官之运用而论,耳目之外,兼用四股,其受训练之中心,在视听与动官各中枢之机构,非若国语之限于视听中枢也。就品格之培养而论,儿童与环境之间,教师与儿童之间,儿童与儿童之间,无时不有反应与行为之引起,无时不有动作与态度之表示。何材华氏(Hollingworth)之品格定义;"品格者行为特殊之方式,亦即行为之特殊之态度及反应与能量也。(Character is the characteristic mode of behavior, the characteristic attitudes, reaction and capacity.)"游戏活动为与品格有关之活动,有各种特殊方式之行为表现,且其变化之多,非他课目所可及,故游戏活动实富品格训练在其中。吼善灵顿氏(Hetherington)说:"体育有品格与道德训练之基本责任,所有校内外之各种活动,皆有品格与道德训练之价值。"Hughes 说:"体育并不产生品格之特质,却供给许多发达各人已有品格之机会,体育用实习之方法淘冶品格,并非言谈,运动道德之条文,仅供给知识而已,体育应规定行为之最高理想与态度,以期由体育活动到达之。"体育之能训练品格据各体育家之讨论,毫无疑义。虽然,体育是否能保险训练良好之品格,抑或训练之不当,反养成不良品格。校管见所及,两方确有可能。吾国三十年前体育正在萌芽时期,上海南洋与约翰两大学,即以善足球闻。比赛之时,胜负之观念两校教员学生抱之甚深。因欲操必胜之权,往往将对方有各球员踢伤,以减低其实力而取胜。就此一端而论,已见运动目的之错误,以是养成欺诈凶暴不仁道之行为,故吼善灵顿氏之体育程序之中,斤斤于体育领袖之训练,因体育之能训练优良品格与否,全由体育领袖优良与否为断也。有优良之领袖或教师,体育之能训练良好品格无疑义。

二、体育能训练品格之种类

体育所能训练之品格可分三类:

(一) 属于个人之品格与个人之操行有关而与他少有关系者　为勇敢、坚忍、决心、进取、启发性、奋斗、谨慎、心机灵敏、自信、可靠冷静之头脑、热心等。

（二）属于社交之品格与他人或团体有关系者　为仁爱、公正、友善、信托、诚实、思想周密、大方、恭敬，尊崇他人之权利，运动家、风度等。

（三）属于公民之品格对有组织之社会之各种态度　如合作、忠心、服从等。

第一类普通由器械运动，游戏等养成，第二第三类则由团体游戏，及有严密组织之球戏养成之。此就各体育专家及体育心理学之分析所得之结果如是。

三、品格迁移问题

此问题内容甚复杂。Oktavec 主张：(1)品格属一元性，系形而上之学根本不存在，不能使之发达；(2)品格有特殊性，所谓合作，诚实，运动家风度，忠心，在一环境有之，换一环境可不存在，即有相同之表示，而且内容又有不同者。例如一人勇于游泳及四百公尺跑者，未必勇于拳术；(3)特殊之环境发生特殊之反应，二者之间成习惯，习惯亦可随环境之改变而改变。据氏之说，一种环境内可养成之习惯，或品格的反应，对别种环境所养成之品格反应，不发生关系。换言之，品格之迁移，是不可能的。果如是说，则道德教育完全无效。此与寻常之生活经验根本不符。据桑代克迁移理论："两种功能有相同之要素者，可因第一种功能之改变使第二种功能亦起改变。第二种功能改变之多少，视第一种功能中相同要之量之改变而定，即第二种功能之所改变者，不过为与第一种相同之要素耳。"则觉品格之迁移非完全不可能，盖环境或功能之内容，虽不能完全相同，亦断非完全相异。据体育之经验而言，一人勇于接棒球，定勇于接药球，或篮球，一人勇于跳木马，定勇于跳濠沟，一人忠于球队，爱好队员，亦许能忠于机关，与同事友好。盖次(Gates)之意见与桑氏相同，以为态度有迁移之可能。麦克乐(McCloy)氏曾研究品格之相同要素，用 Spearman 之技术得有以下九种：(1)领袖品质；(2)积极活动之品质；(3)积极心理之态度；(4)自制力；(5)对于社会合作之特质；(6)君子之社交举动标准；(7)社交方面之道德品质；(8)作事有效能之品质；(9)社交品质。氏更用 Thurston 氏之要素分析方法研究得有三种同共之品格(1)为自己行事积极的感觉，(2)社交要素，(3)个性与其相反之群性据麦氏之研究结果品格既有共同之要素当然有可迁移之处，其理显然。虽然麦氏之研究就自然之趋势以求结果耳,在自然之外又何尝不可用教育手腕使不能迁移者有迁移之可能,例如勇敢之足球员,可鼓励其为空军战时亦应有此勇敢,及比赛时之光明磊落态度,亦可谆属其在处人接物时抱同样之态度,球员对本队有忠心亦可使有忠于国家之理想。Watson 说,赤子交他保养与教育,能使孩童们日为乞丐,为医生,为盗贼,为律师,可见教育之人为力量至大,故作者亦坚信良好之环境,优良之教师,对于品格之训练力量至大。吾国国民需要体育所训练之品格,吾国社会自数千年来重,又轻武思想之灌输。黄老哲学主静而不主动之影响!不注意体育,不论属个人属社交属公民之品格,体育所能培养者,均无机会发展。对艰危之环境,无克服之勇气,对社会人群无合作之精神,对国家无爱护之热忱,处处讲利己,事事忘道义,与体育上振奋鼓舞,积极参加人我互助互信为体育而牺牲个人之荣誉等精神适相反。世之以运动家之风度表现之于政治及日常生活者,英美国之国民若。选举总统也,新当选者之贺电,先人达到者为其竞选之政敌之贺电,此即比赛终了之时,输队之视对队胜利之精神也。当其竞赛之前,竞选者各以其政见宣告国人,以极光明之手段出之,此即踢球时两队各以其高妙之技能,以磊落之态取胜之精神也。在朝时努力实施其政纲,为国家造福利,在下时服从他人为领袖,而与之合作,此即队长与队员善处之精神也。吾国政治舞台则不然,其运动选举也,非以利诱,即以威迫,失败者怨天,尤人,不甘雌伏,从中故意倒乱,存心破坏,已不能做领袖,亦不服从他人为领袖,此无他,国民自幼至长,无适当之团体活动以栽培其运动家之风度为之也。是故以后吾国教育,除知识教育之外,宜谋发达体育,提倡团体合作,尊崇人权,勇敢义侠等品格,则国民之精神道德从此可以改良,可以易其色利,以前颓荡散漫侃狭私心之恶习,可以刷除以前数星期萧一山氏在《大公报》撰有《民族哲学》一文,主张改变民族静的哲学思想为动的哲学思想,作者则主张改变民族思想于内,应提倡民族团体活动于外,因思想不论其属静属动,未发而为运动之前,皆属静而不属动,必也由内心之改变,继以外界之动作,然后哲学才达正真的改变之目的。旧民族哲学足以制止活动,新民族哲学若不能发生新动作,产生新生活,则改变从何而起,哲学之动的性质何从表现,故作者坚信提倡活动教育，培运动品格，即是改良民族哲学。萧氏仅仅注意民族哲学之改变，未有继起活动之提倡，仍不脱以往空谈之旧习，是否有当，愿高明者有以教之。

一、C.H. McCloy—"A New Deal is Physical Education", Phyiscal Education Health and Recreation Digest vol I (Jan. 1935)

二、吴蕴瑞袁敦礼著　体育原理　第五章　勤奋书局印

三、Lous Barg—"The Factors of Integration-Heredity and Enviroment", Interpretation of Physical Education vol. Ⅲ. pp. & 1.

四、G. B. Watson—"Needed inrestigation in psychological of character", Religious Education vol. 23. (Jan. 1928) pp. 66—72.

五、C. W. Hetherington—"Character and moral training through physical education", Interpretation of Physical Education vol. Ⅲ. pp.101.

六、C. H. McCloy—"General elements in charactar", The Reseach Quarterly of the American Physical Education Association Supplement to Research Quaterly. October. 1935 vol no3.

七、William L. Hughes—"Charactar, Builgind and Health, the Role of physical education", Journal of Health and Physical Education voI. Ⅶ pp. 9.

八、Thorndike—"Education Psychology".

九、A. I. Gates—"Psychology for Student of Physical Education" ehnp.

十、Hetherington—"School Program of Physical Education"

十一、Oktavec—"Physical Educatoin as a Character Builder", Journal of Health and Physical Education. vol. no. pp.12.

注意本文英文题

Chinese Citizen Needs Character Training through Physical Education—Y. R. Wou.

（原载《国立中央大学师范学院教育丛刊》1940 年第 5 卷第 1 期）

长寿和它对于社会主义经济建设的关系

我国解放六年来，在共产党和中央人民政府的正确领导下，很快的走上了社会主义经济建设的道路。第一个五年计划前年就开始了，在这短短的几年中间，不论工业建设或农业生产，都有飞跃的进步。大家都觉得新社会的美好生活将逐步的到来，凡年过半百的人们，都希望多活几岁，能看到社会主义来临，因此长寿的愿望，不知不觉的也就产生了。所以现在提出长寿问题，尤其是它对社会主义经济建设的关系问题，一定会引起大家的注意，也就自然的可使大家注意到体育和卫生以及其他有关身体健康的问题，对大家的幸福和对祖国的经济建设来说，是有帮助的。

一、反动时代的所谓“长寿”

我国最古的书籍尚书洪范篇里，讲到人有五种福气（所谓“五福”），五福的第一种就是“寿”，足见古代人重视长寿。可是《尚书》所载的长寿愿望，不过是封建帝王及其仆从们和奴隶主的愿望，至于奴隶或被剥削者能不能有此愿望，实在是个疑问。因为长寿的愿望，有它的一定的经济基础。那个富有天下、玉食万方的天子，事事如意，生活优越，一定感到人生乐趣，一定要求有很长的寿命；还有富得田连阡陌、吃着不愁的地主，也一定感得人生是行乐，长寿是幸福。（实际上在旧社会里，养尊处优的剥削阶级，生活腐化，不守卫生规律，反促短寿命。）反之，被剥削阶级或者贫无立锥之地的穷人，食不饱，衣不暖，一定感到人生是苦海，活在人间，没有好处，不如早死，可以早些脱离苦海。所以在封建反动统治的社会里，劳动人民根本得不到长寿的。

二、长寿对于社会主义经济建设的关系

上节所讨论的是长寿有它的经济基础，也可以说长寿问题是上层建筑，它的基础是经济。可是斯大林告诉我们说："……上层建筑是由基础产生的，但这决不是说上层建筑只反映基础，只是消极的，中立的，对自己基础的命运、对阶级的命运、对制度的性质漠不关心的。相反地，上层建筑一出现后，就要成为极大的积极力量，积极帮助自己基础的形成和巩固……"（斯大林《马克思主义与语言学问题》人民出版社一九五三年版第三页）。所以在社会主义国家里(像苏联)，因各种精神条件和物质条件的优越，能增长国民的寿命。反过来，这对于社会主义经济建设，一定有它的贡献。因为社会主义或共产主义社会里，生产关系和个人与社会的关系，以及生活资料的分配方法等本质，根本与资本主义国家不同，资本主义国家的生产关系是剥削者与被剥削者的关系，整个国家里，各人各家采取个体经济形式。劳动人民寿长了不过给资本家多剥削的机会，对别的劳动人民，也没有什么好处。而在社会主义国家中，整个社会是全体人民的大家庭，大家为此大家庭而生产，是平等合作、友爱互助的生产关系，中间没有剥削与被剥削的关系。人民生活资料的获得，依"各尽所能，按劳取酬"的原则来分配。同时各人生活水准，也按这大家庭中人民所创造的财富的增长的程度来提高的。可是我们知道，要财富的创造提高，人的劳动力也是一重要的因素。这劳动力中间应包括力量、生产经验和劳动技术等。讲到力量，就不能不接触到体格的问题了。就是一个人有坚强的体格，充沛的精神，不论在工厂里或机关里工作，工作效能就大。所以要提高生产效力，不能不开展体育运动，而体育运动的所以在社会主义社会里能得到普遍地蓬勃开展，也是这个道理。

社会好比是一个大家庭，要这大家庭经济繁荣，消费与生产要有适当的比例才行。《大学》上有一句话说，"生之者众，食之者寡，则财恒足矣。"这句话是合乎现代生产与消费的经济学原则的，一个社会里要生之者众，一定要每个成年的人能生产，这还不够，一定还要每个人的工作年限增长才行。要工作年限

增长，这就接触到长寿的问题了。经验告诉我们，长寿的人都是身体健壮无病而能工作的人（在下面有例子说明）。人有病不能工作，而带病延年还能长寿的，实在不多。所以长寿与工作年限直接有关系，也可以说，长寿的人工作年限也长。工作年限长对于社会经济到底有什么关系呢？我们拿工业建设干部的例子来比方。假定他二十岁进高等学校，二十四岁毕业后参加生产工作，他做到七十岁而退休，那末他为人民服务的年限是四十六年，如果他不幸短命，五十岁就死了，他的工作年限是二十六年。寿长了他的工作年限几乎加倍，就是一个人等于两个人了。所以说寿长是合乎生之者众的经济原则的。又因为人在社会主义社会里，从出生到高等学校毕业，教养之费大部份由公家负担的。一个人寿的长短，教养之费是一样的。对整个社会说来，人民的寿越长，消费与生产的比例越小（上例寿短是二十四比二十六，寿长是二十四比四十六），所以寿长不但是合乎生之者众的经济原则，也合乎食之者寡的经济原则的。因此长寿对生产与消费两方面，都是有大帮助的。另外一方面我们必须了解一个干部从高等学校毕业之后，天天在那里发展进步的，尤其是在新社会里。一个刚从高等学校新毕业的学生，到生产岗位上只能当助理，或在大学里当助教，经过几年之后，学识经验丰富了，阅历增多了，负的责任就大，而他的贡献也就大。到高龄的期间，贡献可能更大。我们可以用勒柏辛斯卡娅《生命、衰老与长寿》一书的材料来证明："这里是一些杰出的人的名字，他们是在年迈的时候死的，在最后的那些日子里，他们还保持着工作能力。"

苏沃洛夫	七十岁	哥白尼	八十岁
梅契尼科夫	七十一岁	哈维	八十岁
达尔文	七十三岁	歌德	八十三岁
雷奥拿多·达·芬奇	七十五岁	雨果	八十三岁
恩格斯	七十五岁	服尔泰	八十四岁
谢切诺夫	七十六岁	波列诺夫	八十四岁
季米里亚席夫	七十七岁	牛顿	八十五岁
米丘林	八十岁	拉马克	八十五岁

李斯特	八十五岁	莫洛佐夫	九十三岁
巴甫洛夫	八十六岁	铁先	九十九岁
托尔斯泰	八十八岁	江布尔	一百岁
浮迪	八十八岁	舍夫列尔	一百零三岁
卡平斯基	八十九岁	希波克拉特	一百零四岁
巴赫	九十岁	德漠克利特	一百零九岁
伽马利亚	九十一岁		

“这些卓越的人当中，有许多是早死的，例如巴甫洛夫和托尔斯泰是因为患肺炎而死的。”

“值得注意的是，许多长寿的人一生从事于体力劳动，不但保持着令人羡慕的身体的健康，而且还保持着智力上的特别的才能，使他们甚至在一百岁的时候还能从事创造性的劳动。例如阿塞尔拜疆苏维埃社会主义共和国的别洛康区一个集体农庄的铁匠，一百零一岁的马戈密特·奥马尔——奥格里·安其也夫因为杰出的发明而获得一九五二年的斯大林奖金。他发明了剥榛子壳的机器，这以前一直是用手工来剥的。安其也夫的剥榛子的机器用电来开动，代替了成百的集体农庄庄员的劳动。利用了安其也夫的机器，阿塞尔拜疆种榛子的集体农庄每年将可节省大约二百万卢布。”伟大杰出的科学家巴甫洛夫在一九三六年患肺炎而死，寿八十六岁。他有名的“大脑皮层的生理”的研究，是从一九〇四年才开始的，当时年已五十四岁了。经过二十余年的苦心观察与研究，发现了条件反射的理论，到一九二六年才将著名的“大脑两半球机能讲义”正式出版，其时巴氏已七十七岁了。可见他的大贡献是在晚年成功的，他的伟大著作与他的长寿分不开的；如果他在五十多岁时就衰老而不能工作，或精神不充沛而工作得不好，这种伟大的发明能否成功是一大疑问。所以长寿对一个人的科学或事业的成功和他对社会的贡献有极大关系的。我们可以从上两例子来证明。其次我们所要追问的问题，就是中国人能否长寿的问题了。依据解放前的说法来说，中国人寿命平均三十岁，这是什么时候做的统计，根据什么材料来做统计，我们都不知道。现在可以肯定说，这个数字是不正确的。我们从前年为普选而调查户口的结果中知道,现在全国中,年过八十到一百岁的老年人,有四万多人,年过一百岁的有数千人,由此可以证明中国人也一样可以长寿的。过去平均寿命的低,完全是反动统治者给予人民的残酷剥削和严重压迫的结果。

三、长寿的途径

几千年来,在整个人类历史中,从巫师、医师、方士、卜者直到科学家都曾试图找出长寿的途径,但始终没有能够实现。只有在社会主义社会里,才有条件,有可能。主要的方法是:

(一)改善劳动和生活条件的各种措施,提高文化和发展国民保健事业:例如改良工人住宅,绿化城市,保持空气、水流和土壤的清洁以及搞好一切环境卫生工作。

(二)讲究疾病的预防与治疗:我国旧习迷信宿命,以为寿命的长短是命中注定的,有病不肯找医,结果病死。其次迷信鬼神,以为病是鬼怪作祟,有病就求神,不愿请医生。这两种旧风俗不论在城市、在农村依然存在,为此种迷信所延误而死的人实在不少。根据我国目前情况,破除迷信的教育工作,还是应予十分重视的。其次当然是要讲究疾病的预防与治疗。现代因微生物学的发展,知道许多疾病都有微生物的作祟,如易于传播的传染病鼠疫、伤寒、天花、赤白痢等可以打预防针,增强体内的抗毒素,而使人免疫。在治疗方面,近代发明了新药如青霉素、链霉素,及各种磺胺制剂等,增添了医生治病的武器。以后医学进步,预防的方法更有效、医生运用的武器更多的话,疾病死亡之数,可大大减少,人的寿命就不会像以往一样的短促了。

(三)合理的控制自己的生活:苏联科学家巴甫洛夫认为人生应活百岁,许多人所以早死,由于它们对自己生活方式所采取的态度有问题。他说:“我们自己对身体的无节制、无规律和不注意的态度,缩短了正常的寿命。”一个人工作、休息、运动、娱乐、饮食等均须平衡合理而有规律,使身体各系统工作与休息,平衡而合理,常保持健康的状况。这当然没有社会条件是做不到的。所以梅契尼科夫指出“合理生活,在人们没有更自觉,没有和良好的社会条件密切结合起来，是办不到的”。这种社会条件是什么呢？就是根据周围的环境条件。人们在正常合理的生活中，身体内部各机能，与外界环境条件建立平衡的关系，而从中主持的机关，是中枢神经系统。所以贝柯夫院士说：“在人体生存的进程中，不断建立这一种或那一种一定程度的关系，大脑皮质一方面与外部环境建立平衡，另一方面又与内部各种机能建立平衡关系，人类生活所在环境由许多要素构成，如空气、氧气、放射能、微生物等，其中有一些是与机体无关的，有些则与机体发生作用，在机体内引起变化。”阳光可以杀死细菌，肺结核杆菌也同样能被杀死，同时太阳的紫外线可以兴奋人的各种生机作用，能调整人体内的新陈代谢作用，使皮下血管扩张，加强血液循环。并能改变一般的健康情况，增加食欲，改善睡眠等。

气体的更换，在我们的生活中有非常重要的意义。空气新鲜，我们会感到舒畅，米里曼说“为了长寿要多吸新鲜空气”，所以人应多在新鲜空气中生活。

（四）利用体育运动来保持壮年的身体状况：体育运动能增进新陈代谢机能，保持血里红血球和红血球里血红素的正常数值，来保证输氧的能力，并增强心脏，改善血液循环，能保持肌肉系统的不退化与不消瘦，能巩固神经系统。同时也巩固了中枢神经系统。依据巴甫洛夫的学说，知道中枢神经系统对于整个机体都有影响，所以罗赫里那教授说：“机体的生理和病理过程，不能和神经系统没有关系……。”体育运动既能巩固神经系统，对整个机体自然会发生良好作用。据苏联莫联雅波罗诺夫斯基说：“……对从事运动的人们在医药上观察的结果，可以预测到运动员平均寿命的延长，十分显著。”他举了许多年老运动员的实例，最后结论说：“这些人虽然因为年龄的变化，有时在健康方面有些缺陷，但是他们的身体心脏血管和呼吸系统都是训练得很好的，他们往往能够完全如愿地担任重大的体力劳动，而没有特殊困难，也没有不愉快的感觉。”从此结论中，可以了解继续不断的锻炼，有保持其身体到老慢衰的可能。体育运动是长寿的方法之一，是不可否认的。

（五）饮食的合理：1.讲究营养——食物的质和适当的成分，对于健康是重要的。有的食物富有营养价值，有的食物营养价值较少，例如奶油和猪油，虽同为动物油类，但前者的营养价值较后者为高。所以饮食要吃有营养价值的东西。2.食物的多样化——食物中的主要营业素有三种：碳水化物、脂肪、蛋白质。此外还有无机盐类和各种维生素。食物能注意多种多样化，那就能吃到各种各样的有营养价值的物质。3.遵守饮食的规律——饮食要有规律。最好多吃几次，而每次要少吃。要吃得慢，要觉到味，越觉得味道好越易消化。临睡前不吃东西。

（六）严格遵守劳动和休息的制度：年高的人身体精神部份都有趋衰老的倾向，脑力和体力都须有规律的使用。用脑力不可使用过度，致伤神经系统。脑力劳动者应做轻微的体力劳动，作为积极性的休息。体力劳动之后，亦应稍事休息，来解除它的疲劳。睡眠是最好的休息方法，既解除中枢神经系统的疲劳，又能解除体力的疲劳，青年人宜善于应用睡眠来休息。

（七）戒除一切有害的嗜好：吸烟饮酒，讲长寿者应避免，因烟中有烟碱，对于神经系统特别有害。吸烟之初，觉得它能兴奋神经，但后来危害中枢神经系统，引起脑细胞的耗损，还能引起脑中血管的损害，使大脑的营养恶化。此外还能使心脏血管痉挛，心肌麻痹，动脉硬化，引起高血压症。酒精同烟碱也能毒害神经。经常大量饮酒，能引起血管硬化，血压增高。

（八）试用苏打水洗澡法来防止细胞内原生质的硬化和蛋白质的变老，以促进长寿：关于这方面，读者可参考勒柏辛斯卡娅所著的《生命、衰老与长寿》一书（中华全国科学普及协会出版），这里不多谈了。

（九）驱除心理烦恼，保持精神愉快：我常听到前辈告诉我们伍子胥过昭关，一夜天头发都变白了的故事，因为人事关系，心境不愉快，一人多愁闷，多烦恼，使人们年未半百，已成白发老翁。尤其老年人，受不得刺激，受了刺激，就能短命。依据巴浦洛夫学说，实在有它科学的根据。巴氏同他的学生确定了下列事实："如果说神经系统的过劳，能引起机体各种机能的障碍，那末以后神经平衡的恢复，就会对疾病变化的过程发生好作用"。高级神经活动分两种生理作用，兴奋和抑制，两者密切相关，互为消长，一人若受了刺激，一方面的神经细胞兴奋过甚，抑制作用，不能生效，因此兴奋方面的神经细胞，就受损害。这种结果是引起神经系统的过劳，影响身体别部份器官的机能，正如巴浦洛夫同他的学生乌谢维奇教授所确定的“使高级神经活动破坏的神经系统的过劳，会带来显著的内部各器官机能的破坏，例如：胆汁分泌的破坏，胃蠕动的失调，血液化学成分的发生变化，血压急剧上升等等”。照这样看来，一人受了刺激，不能安眠，身体各系统通过神经系统的受损害而将引起不良的效果。巴浦洛夫已经充分的替我们说明了。关于驱除烦恼，精神愉快，保护神经一点，我们觉得在社会主义社会里比在资本主义社会里优越得多了。在资本主义社会里，资本家压在劳动人民身上，无产阶级总是觉得不愉快。一部份人与人之间勾心斗角，貌合神离，对神经系统的损害，实在不浅。在社会主义社会里，生产关系搞好了，人与人之间的矛盾取消了，只要努力工作，人人能得到合理分配的生活资料，循规蹈矩，用不着争，烦恼自然没有。不但如此，剥削制度取消，人与人之关系得到改善（平等、合作、友爱、互助）。生产事业能如理想的发展，将使人感到愉快。这种条件是社会主义社会所特有的。社会主义社会里的人，长寿有物质与精神两方面的条件。

四、结语

在资本主义国家里，剥削制度老是压在人民头上，社会的条件和生活的条件对劳动人民不利，促成他们早衰，寿命不会延长；即使有少数人活得长些，受经济制度的束缚，自己不能得到多大的幸福，对别人也没有多大的贡献。只有在社会主义的经济制度下，各种条件优越，人人有长寿的希望，而且因为长寿了，可以替全社会创造幸福，同时自己也从中可以得到幸福。我国解放以来，不过短短的六年，可是大家可以清楚的认识到：我们的生活已获得很大的改善，更美好、更幸福的日子，不久就要到来。目前最重要的问题是要锻炼身体，讲究卫生，生活有规律，有节制，使精神饱满，做好岗位工作，得到精神上的愉快，神经系统得到保护，整个机体康健。年过半百者，尤其要争取长寿。

（原载《大众医学杂志》1955 年第 1—12 期）

（二）体育史

三十五年来中国之体育

本题含有历史性质，依“历史研究”（Historie Research）之方法，宜多方调查，广阅书籍，得有证据，方始下笔，乃有正确之价值。作者此文，笔与愿违，一因交稿期太促，二因调查难得结果。故此篇之作，全恃个人之经历，友人之答问，杂志书籍之参考，难免有遗漏之点。然历史之编辑，重兴革与变迁，史家之研究，重兴革之原因与变迁之影响。作者即本此旨落笔。调查之未周，考证之未详，望阅者谅之。

三十五年来之体育，应从前清光绪二十三年起，至今日止。此期之间，大概可分五期，分述于后。

第一期 （光绪二十三年至三十年）体操输入时期

此期承甲午战争之后，丧师辱国，上下震恐。天朝威严，扫荡净尽。始觉科举之空洞，非兴学校不足以讲新学，悟人民之文弱，非尚武不足以图自强。当时头脑最新者，莫如康梁一派，出其全力，攻击科举。至甲辰年间，清廷始下诏废除。在此期间，各省办武备学堂，及实业学堂。所有书院改为大学堂，州府设中学，各县设小学。课程之中，往往缺体育一门。即设有体操，亦多从事敷衍，毫无训练实际。更因人材缺乏，体操教员，辄多由军人充任。所教者为兵操，无教育之价值。只有少数教会学校，如上海之约翰，武昌之文华，苏州之东吴，南京之金陵，开风气之先，有足球，棒球，田径运动等，作为课外运动。至于民众之间，只有中下等社会练习拳术，上等社会间练习骑射，以应武试。亦终随武试之停止而抛弃。民众体育，尚谈不到。惟此期之末，有识之士，早已惊醒，如徐锡麟氏与秋瑾女士，办体育会于绍兴，男女生徒，从者数百。后革命军兴，清廷忌之，下令解散。该会历史，虽不甚长，而社会之有体育组织，斯会实为权舆。

总之此期之中，卧狮初醒，科举之毒，深入脑海。谈到运动，辄指为江湖卖技之术，士君子所耻习。以故运动一项，诗文不载，新闻不登，此期体育，记载毫无，良有以也。

第二期　（自光绪三十一年至民国四年）
日本体操盛行时期亦即美国体育输入时期

一、体操

是期承废科举之后，省府县乡，广设学校。学部定章，各级学校每星期均有体操两至三时，应时势之要求，期初有浙人徐一冰氏，设中国体操学校于上海。毕业者有数十班之多。十年前各省之体操教员，多出其门。同时苏州两级师范，浙江两浙师范均有体操专修科之设，毕业者亦有数班，充两省中小学校体操教员。是等机关，训练之年限极短。体育之学科，只有生理解剖，体操理论。术科只有徒手哑铃，聊续各个，器械游戏等。其中教师，非归自东瀛，即籍属日本，以故所取教材，所用方法，悉带日本意味。说者谓此为日本体操风行时期，从江南诸省观察，洵不诬也。至于北方诸省，则稍不同。期初，天津保定设武备学堂，始聘德人为教练，继聘日人为教授。此等教授，各以其祖国之体操方法，教授学生。故北方之体操，德日参半，与南方有别。

二、运动

此期间，官立学堂以体操为体育上主要活动。一时风尚，无从比较，盲目提倡，不知其为无教育之价值也。运动一项，官立学校除上海之南洋，天津之北洋，吴淞之海军，稍加采择外，余均置之不问。惟教会学校，得风气之先，早已极力提倡。华东有上海之约翰沪江，苏州之东吴，南京之金陵；华北有天津之新学书院（Anglo-Chinese College），通州之协和大学（North China College）；华南有福州之福州大学（Fuchow College），广州之岭南大学（Canton Christian College）；华中有武昌之文华，长沙之雅礼（Yale），其佼佼者也。当时竞争最剧烈者，莫如南洋与约翰，论者莫不以英之剑桥与牛津，美之哈佛与雅礼并称。然是等学校，参加之学生，不及全数十分之一二，不足以代表学校之真体育。宣统二年，南洋劝业会附开第一届全国运动会，露头角之运动员，大半属教会学校学生，而官立学校之学生不与焉。民国四年，远东运动会开于上海，中国优胜。显身手者，亦多教会学校学生。此期中教会学校提倡之功，实不可掩。自是以后，国内之运动空气，渐次紧张。国立学校当局，觉体操之无生气，亦添课外运动。国立学校体育之由单轨制（专用体操）而进为双轨制（体操与运动并行），亦未始非教会学校提倡之影响。故此期间之教会学校体育，在近代体育史上，占重要之地位。

三、兵操

甲午战后，庚子辛丑，频年受侮，上下痛心。辛亥革命，国耻未雪。全国人士，狃于尚武救国之说，即以练兵式体操为雪耻整备，全国学校，一致实行。数年之间，体育时间，尽被占据，练身机会，剥夺净尽。过去历史，不堪回顾。

总之此期之体育，一误于认体育即体操，一误于信兵操可救国，乃举国人士，竟无一先觉而为天下倡者，盖有故焉。二十年前，帝国主义横行全球。所谓德国体操，瑞典体操，日本体操，均与军事有关系，与国家主义，帝国主义有姻缘。天下滔滔，中国焉能不入其旋涡。况我中国正在维新之时，仰慕西方文化，追随之且不已，孰能有卓绝之见界而独树一帜耶？环境之限制，实促成此结果一也。其时各国君权正高，个人主义尚未发展，二元论尚未打破，思想被束缚二也。所可惜者，当时办体育学校之徒，见运动空气磅礴而不为动，见学生心理之趋向而不暇顾，拘守旧法，不愿改变。则当时之局面，亦应负一部份之责任。

四、运动会之组织

此期之中，最有价值而最堪注意者，莫如运动会之组织。国际间，由中日菲三国组织远东运动会，民国二年，在门尼剌开第一次运动会。国内有全国运动会之组织，宣统二年，在南京开第一次运动会，民国三年，在北京天文台开第二次运动会。至于分区运动会，则北方有华北体育联合会，民国三年成立，是年行第一次锦标比赛。南方有六大学运动会，同年东吴大学教授司马德氏发起，五月间成立。民国八年间之华东八大学联合会，近今之华东四大学联合会，即发轫于此。民国初年，广东体育会早已成立，提倡运动会不遗余力。第二届全国运动会，第二次远东运动会，广东均派卓越之运动员参加，皆此体育会之力也。此期之中，华中无一定之组织，只有武昌之文华，长沙之雅礼，每年行足球赛。推其源，此等运动会之组织，青年会之外国体育干事及教会学校之外国教员，实为其原动力，在中国近代体育史上，亦占重要之地位。

五、青年会体育

此期之中，美国体育之输入中国，盖从两途：一为教会学校，已如上述；一为青年会。光绪三十四年，厄克斯南博士 Dr.Exner，由美国青年协会派来中国，开始训练体育班。未几，上海青年会之健身房落成，行落成典礼时，氏以其训练之体育班表演运动，观者数百人。此为中国青年会体育发现之始。期末之华北华南华中各区运动会之组织，皆氏之原动力也。民国元年，美国有三体育专家派来，襄助三大城之青年会体育事业。民国二年，诸专家至各处提倡户外运动，并选派代表，至菲列滨参加第一次远东运动会。他山之助，国人亦应感谢。

六、体育刊物

此期之中，体育之刊物，出版者极少，坊间所出之书籍，非属于体操，即属于拳术。自然教材，体育理论可称绝无。无他，时间未到，风尚异也。

第三期 （自民国五年至十年）双轨制之体育盛行时期

一、教师之训练

前期中，受运动空气之激荡，察学生心理之趋向，各校不得不添课外运动。一方又感指导员之缺乏，大部份学生之不善运动，不能不聘体操教师，以谋暂时之应付。故双轨之制，各处盛行。当时迫于时势之要求，南京高师先办体育专修科，二年毕业。聘麦克乐为主任。同时北京高等师范，亦聘美人(Shoemaker)为体育教授，设体育科。入学资格，两校悉限中学毕业生。体育教师之训练，从此程度提高。当时麦氏之思想，虽较一般为新，而以激进之眼光观察，仍不免带有旧气。观其教术科之时，体操器械体操与运动球戏并重，可以证之。其门人之脑经清楚者不少，然总不脱为教双轨制体育之能手，以近今理论方法绳之，尚有缺点。民国六年，麦氏离南京，续聘祁屋克氏为主任。氏为瑞典派，虽兼长运动，而为思想所束缚，注重体操，所训练者亦为施行双轨制之人材。氏不通华语，除教课之外，不事宣传，无所建白。七年，祁氏离南京，八年夏，美人饶冰士(Robins)继为主任。学识技能，均属平常，加以言语之隔阂，亦不能如麦氏之活动，对社会亦少贡献。惟该校之体育科，此时已改为三年，程度益形提高，亦属当时进步之一。南方训练体育教师之情形，约略如是。至于北方，则可以北高师之体育科代表。当时该科尚缺中心人物，体操派向占优势，余可想见。说者谓此期之体育重心，在南而不在北云。

二、公共体育场运动

民国四年，江苏省教育会，见民众体育之重要，欲在江苏全省，推广民众体育，为全国倡。即于是年秋，在该会附设体育传习所，聘麦克乐，史温(Swan)，克拉克(Crocker)为教授，令江苏六十县，每县派两人，来所受训练，毕业后，回各县任公共体育场场长及指导员。吾国公共体育场运动，实发端于是。翌年，各学员毕业，散布各县，办公共体育场，如上海、南京、无锡、扬州、通州等城，皆当年开办。其他各县，亦莫不先后成立。此为本期中最堪注意之事。惜乎当时社会之要求未切，人民之能运动者绝少。开办之后，往往人迹罕至，荒草满场，场长指导，无所事事。当时情形，作者目睹，其故有三，先觉者之思想过敏，而社会之进步太迟一也。场长指导，误认此场之筑，专为成人，儿童入场，深闭固拒。能进场者不知运动，能运动者不得入场。遂使一场徒具形式，毫无实际活动二也。校际比赛，全城比赛，每季可有。到场比赛，可引起社会注意，藉资提倡，而场长指导放弃责任三也。三者之中，第一种原因最大。证之上海西门之公共体育场成立之后，即十分发达，令人益信。

三、私立体育学校之勃兴

前一期中，私立体育学校，原有中国体操学校，及爱国女学之体育科。在此期中，私立学校之起，多如春笋。吴淞有中华体育学校（后迁苏州），上海有东亚体育学校，南京有体育师范，浙江有杭州体育专门。此等学校，经济支绌，设备不足，程度不齐，年限太短。结果出货多而品质劣，人浮于事，为不可掩之事实。故识见高远，见前途之惨淡，不愿误人子弟者，在此期之末，即宣布停办，论者咸推颂之。

四、学校体育

种瓜得瓜，种豆得豆，体育亦不出此自然之结果。前期之中，教师之训练，非重体操，即尚兵操。故学校体育亦可以兵操及体操代表。此期经麦氏之提倡，及其门人之力行，向以兵操体操采为惟一活动者，此期亦添加运动，与体操并重。然多数中小学校，尚以三段教授，为当时时髦之教材。无他，此时办教育者，以为体育之目的，专在健身，误认球戏及田径运动，为激烈之活动也。校长劝教员勿教，家长戒子弟勿学。温柔和平之体操与游戏，却合家长与校长之心理，而一般活泼少年，固未尝一日赞同也。

五、青年会体育

民国六年，青年协会，觉体育领袖缺乏，全国青年协会，开办干事训练班，由麦克乐，蔡达夫，史温，郝伯阳等为教授。前后养成青年会体育干事三班。一时师生之间，人才集中，可称全国最好之体育学校。惜经济无着，八年暑假，即宣布停办，至为可惜。此时麦氏之思想，大有进步。对于活动，大倡自然。对于体操，大施抨击。氏开体育界之新路，作体育界之灵魂，至今尚不能否认。惜当时囿于环境，困于设备，不能照理想实施。所采方法，所用教材，尚不脱复轨制之臭味。八年夏，麦氏回国。九年，葛兰博士由印度来华，恢复干事训练班，尽量谋社会新体育之发展。此时，青年会体育部之目标，在造就完全人材，即就个人方面而言，则体魄强健，脑经灵敏，具宗教精神。对社会而言，则养成合作精神。青年体育，确有主义。

六、运动会组织之扩大

此期之中，学校体育，虽仍行双轨制，而各学校之运动空气，日益浓厚。在普通大中小学，每年春季，至少开运动会一次。各省有全省运动会，非隔年开一次，即五年开两次。华东六大学运动会，在民九加入新会员，变为华东八大学运动会。华北运动会会员，前期多属教会学校，而此期则国立中大学校，悉数参加，分为高中两组比赛。华南方面，则在民国一二年间，广东福建均有运动会之组织，尤以香港一埠为最发达，除普通之运动会组织外，尚有单独球戏比赛会之组织，如足球，队球，棒球，网球，游泳等是也。每种组织，成绩卓著，说者谓华南开运动风气之先，洵不诬也。观历届远东运动会中，为国争光者，类多属华南球队，更可证明。至于华中，则地方闭塞，远逊他区。在此期中，参加比赛者，仍不脱乎少数教会学校学生。国立省立各学校之体育，尚在推行三段教材之时期中也。

总之，此期之中，在华南华东两区域之内，运动跃入第一位，体操退居第二位。华北体操与运动并行，华中则体操尚占第一位，运动尚居第二位。此为全国体育之趋势。至于各体育专修学校所用之教材，则尚属陈腐，其故有二:西方新研究之教材，此期中无大发展。介绍者，固不能自出心裁，即新出者亦并不足取，一也。国内发行之印刷品极少，日本之出版品亦多陈腐，二也。吾国体育，早入世界漩涡。全球皆旧，而我不能独新。况新旧无一定之界限，今日之所谓旧，当时亦或称为新。以历史之眼光观之，不能为当时体育家病也。

第四期　(自民国十年至十四年)体育更新时期

十年前，来华体育家中，麦克乐氏之贡献最大。当时氏之思想主张，足以左右当时体育之趋向。民八氏回国，研究两年，十年回华。任东南大学体育科主任。当时氏之思想论调，焕然一新。所用实习教材，已减除体操，所教理论功课，多根据心理生物等科学，所发言论，较回国之前大有进步。作者之所以将麦氏回华之期，作为此期之始者，即以此也。当时体育之猛进情形，可以下列数端证之。

一、全国体育研究会之成立

民国十一年秋，教育改进社，开第一次常会于济南。南北同志，济济一堂，极一时之盛。全国体育研究会即乘机成立，树研究之基础。当时麦克乐氏，执体育界之牛耳，为惟一之中心人物。凡调查研究，出版杂志等问题，悉由氏提出。惜当时人材缺乏，不能一一实现。该会尚属有名。无实，亦无可奈何也。

二、体育之出版物

此期之中，有重要之体育刊物出版。其一为《体育季刊》，民国十一年春出版，经三年之久，至十三年冬停止。前后共出十二期，分为三卷。其中材料，理论居多，教材次之。材料除东大体育科教员供给一部份外，余均出诸麦氏之口，麦氏虽不善中文，而华语精通，能尽达其意。麦氏皆一人之力，支持者三年，其贡献实为不小。及观近数年来全国体育界无永久之刊物，视麦氏能无愧死。虽然个人之能力有限,材料之源,亦有时而穷,不论何种刊物,至少有数十人负责编辑,方能保持材料之新鲜,如美人 American Physical Education Review,德人 Leibsübungen 及 Start und Ziel,均合全国体育专家之力而为之,故能维持数十年而无已。麦氏纵学问渊博,逾于常人,而力量单薄,难支大厦。《体育季刊》第三卷之改名《体育与卫生》,最大动机,起于材料问题。盖氏欲插入卫生材料,以广篇幅,其用心亦良苦矣。麦氏回国,该刊中止,令人益觉汗颜。

此期中之第二种体育刊物,为《教育与人生》中之体育栏。主编者为蒋湘青氏,即今之《时事新报》运动栏主编也。该刊物为周刊,前后共出六十期。为全国体育同志发表意见之所,亦即体育界之笔墨战场也。遇疑难问题发生,意见龙杂之时,辄引起双方辩论,居篇宏论,互相答辩,往往经数周而不息。如学校兵操之存废问题,辩论之继续,有十许期之多。体育界中人,往往用力多而劳心少。有此刊物,可以令人多用脑经,开发思想,并可供给材料,灌输学识,引起研究,亦属体育界之福音,惜一年之久,因营业关系,中途停刊,深为惋惜。今全国体育无一中心刊物,回顾民国十二年间之气象,进步欤,抑退步欤,望阅者评之。

三、国立学校运动之勃兴

前两期中,提倡运动者,教会学校占多数,此时则国立学校,亦尽提倡之力,成绩灿然。所谓华东八大学联合会,华北体育联合会,参加之国立学校,已占其会员之半数,足见运动之空气,早已传入国立学校矣。且人才辈出,不让教会学校,如民国十三年之第三届全国运动会,得分最多者为东南大学学生,其例也。

此期之中,体育受言论之激荡,学校体育,已渐转向。方法取自然,材料求新鲜。运动球戏,向只有教会学校学生能学习者,此时国立学校学生,亦视为日常之活动矣。惟因军阀专横,经费支绌,体育设备,几等于零。学校之有新式之健身房,宏大之运动场者,百无一二。即足球篮球,亦时虞供给之不周,器之不利,欲善其事得乎。加以当时乏良好之教师,缺合式之教材,故去普及之程度尚远。惟东南各省,均有省立公共体育场之设立,各县有县立体育场之建筑,亦未始非此期间之进步。

第五期　(自革命北伐至今日)盛倡运动时期亦即体育之危险时期

吾国自第二届远东运动会得胜以后,节节失败,运动空气,沉闷不堪。最近两届,日本成绩突飞猛进,压倒华菲。同道中人,引为奇耻,思有以振拔之者屡矣,愤慨之余,发生以下之反应。

一、新闻界之蜂起鼓吹

三年前,体育界中,赴日考察,知其进步动力,发于新闻界之鼓吹。两年来,吾国各城市之大小各报,均开有体育一栏。如上海之《时事新》,天津之《大公》,特开一页,专载体育。通商大埠,一般民众,已起注意。各校学生,受其宣传,群起力行。影响前途,至大且远。实为空前之创举,亦即此期中之一大进步也。

二、各校争聘有名指导员

大战以后,运动之提倡,德国最竭力。十六年间,作者赴德,目睹其盛。回国之后,向诸同志常做口头之报告。国内体育界,始知德国教材之自然,方法之合理,研究之详尽,出版之繁多,运动之进步,驾英美而上之。加以一年之前,中日德运动会之影响,东北大学步起氏指导之成绩,声闻全国。国内各大学之设体育科者,均有聘德国指导员之倾向,与十年前争聘美国教员之心理,完全相仿。此为体育上最近之趋势,留心体育者,可以意会之。

三、留学界之新趋向

前数期中,留学体育者,非往日本,即赴美国。近三年来,改向德国。今在德国体育专门学校肄业者,已有五人之多数。数年后学成归国,定能发放异彩,对体育有极大之贡献。

四、青年会体育之衰落

前两期中，青年会体育几为全国之中心。北伐以来，政府本三民主义，使一切事业，皆操诸国人之手。不论青年会及教会学校等，皆归国人自办，理宜然也。青年会体育，向操诸外人之手，当亦不能逆此潮流，独由外人主持。结果一般外国体育专家，相继回国。青年会体育，因主持乏人，遂至衰落。今体育重心，半在学校，半在民众，青年会已无能为力。余友许君明辉，前年仍往各处调查，知情势如是，不可勉强，可见青年会体育，从此过去矣。

五、本期中之绝大危机

陶冶品性，修养人格，欧美体育，莫不以之为首要目的。正与吾国“揖让而升，下而饮，其争也君子”之义吻合。今也不然，运动场上，无时无争，无处不闹，甚至因运动细故，攻击教员者有之，发生风潮者有之，运动道德，坏至极点，常此以往，运动非但不足以培养道德，并可以败坏人格，殊失提倡体育之本旨。推原其故，学风之堕落，缺乏训练一也。劣等教员，不顾大局，怂恿学生，出与人争二也。奖品太重，得失心盛三也。常此不改，有江河日下，不堪收拾之势。今后任校长教员者，平日宜灌输精神之教育，培养谦逊之操行，使以争为耻而不愿争。一方严订运动规律，裁制好争之徒，使以争为戒而不敢争。如是则星星之火，可免燎原，涓涓之水，难成江河，运动前途，庶可重放光明，惟望同志共图之。

结　论

体育为教育之一部份，自幼稚园以至大学，皆宜有体育之训练。体育为生活之一部份，不论士农工商，皆当有享受之机会。纵览三十五年来体育之经过，民众无体育之可言，学生受体育之机会较多，而前两期中，误于兵操与体操之提倡。后三期间，误于双轨制之敷衍光阴，皆未能入正当之轨道。今后之体育，宜按下列诸点，以图改进。

一、普及中小学体育

欲发达民众体育,断不可从现今之民众入手。因吾国一般民众,幼年时早失训练,机巧未能发达,兴味无从产生。加以生计艰难,谋生尚不暇,焉能顾及运动。欲提倡民众体育,从民众入手,为绝不可能事。至于一般大学学生,亦早受双轨制体育之遗误,运动技能,未能学到,运动难生兴趣,加以功课繁重,研究之尚不暇,遑论运动。至于中小学生,则天性好动,神经与肌肉之发展,与岁俱增,运动本能,随时发现,因势利导,事半功倍。设在学校养成运动习惯,他日为工为商,遇有余暇,鲜有不驰骋于运动场者。乃数年来提倡体育者,不此之图,专以开运动会为惟一之提倡方法,可谓舍本而逐末者矣。欲谋中小学体育普及,(一)宜改双轨制为单轨制。正式上课时,教运动与球戏之方法。课外练习时,照课中所教之方法而应用。课中课外,一致进行,于是训练集中,技能易于学成。(二)宜扩充体育设备。今之中小学,往往视体育为随意功课,设备之不周,场地之窄小,校长毫不关心。于是教员受空间与设备之限制,不得不用无需设备之体操,以敷衍学生之光阴。今后中小学宜有体育预算,添置设备,广开场地,方能施行单轨制之体育。

二、组织体育研究会

今全国之中,无固定之体育刊物,研究讨论,无从投稿。即少数体育机关,偶出杂志,大率发表个人意见,无继续讨论研究之余地。至于报端,则大多登载消息,研究讨论之文字,概不欢迎。以后体育同志,好事研究讨论者,宜降心相从,组织永久之研究会,发行定期刊物,发表心得,供给材料,作教育界之灵魂。

三、减淡优胜观念提倡运动道德

运动道德之坏,此期竟达极点。究其原因,由于优胜之心太盛,奖品之值太高,已如上述。以后分区运动会,全国运动会,不必多征奖品,致起争端。运动道德高尚者,亦应加以精神上之奖励,使觉虽败犹荣。

四、首都组织全国体育协进会各省区组织体育分会

今上海之全国体育协进会，其影响只及上海一埠。有全国之名，无全国之实。今后宜在首都组织全国体育协进会，附设于教育部社会教育司之下，管理全国之运动事业，并督率各省市县分会之进行。各省市设分会，附设于民众体育场，由教育厅教育局担任经费，负调查管理及训练运动员之责任。遇有全国及国际比赛，则由分会主选代表，由全国体育协进会举办复选，一切对外比赛，悉由该会主持。于是全国有一定之系统，进行自然便利。

以上诸点，不过举起荦荦大者。尚有数端，因限于篇幅，兹不备举，拟在《东北体育杂志》上继续发表。

（原载商务印书馆为纪念创立三十五周年所编：《最近三十五年之中国教育·上卷》，1931年9月初版）

中国近代体育发展史略

吾国古代体育,漫无系统,史册罕载,考据困难,故作者之撰此文,即以近代为范围,因近代历史与现在之关系较切,足资借镜,故有详为叙述之必要也。

吾国古代之运动,可以春秋时代之射,汉代之剑与蹴鞠,隋唐之角牴,晚唐之击球,及春秋时代所创之拳术代表之。所谓近代体育者,即包括体操游戏运动及国术而言,而体育之最近发达史,亦即为体操游戏运动与国术之发展史也。体操运动及游戏,系从外国输入,故讲最近体育发达史,常从体操与运动之输入时期始。兹为便于叙述起见,特将我国之体育发展分为五时期如后:

第一期　近代体育之萌芽时代(清光绪二十年至三十年间)

清甲辰年间,清廷下诏,废科举,兴学校,令各省办武备学堂及实业学堂,所有书院悉改为大学堂,州府设中学堂,各县设小学堂,课程之中,添体操一科。当时教员大半为军人,所教者为兵式体操。其时惟有上海之约翰,武昌之文华,苏州之东吴,南京之金陵,有足球棒球田径运动等。然参加者只有少数学生,学校体育有名无实。此期之末,徐锡麟氏与秋瑾女士办体育会于绍兴,男女生徒,从者数百,后徐氏起革命于安徽,清廷忌之,下令解散体育会。该会历史虽不甚长,而社会之有体育组织,实自此始。

第二期　体操与美国体育之输入时期(自光绪二十一年至民国四年)

(一) 体操

清廷废科举之后,省府县乡广设学校。各级学校每星期均设有体操功课。时浙人徐一冰氏留学于日本,应时势之要求,归办中国体操学校于上海。该校肄业年限极短,多则二年,少则一年,故不数年间,毕业生遍布各省,同时苏州两级师范,浙江两浙师范均设有体操专修科,教员多籍属日本,毕业者各有数班,故十数年前之学校体操教员,其所授者多为日本操。

江南诸省之情形固如是,惟北方诸省则稍异。清末天津保定各设武备学堂,聘德人为教练,复又聘日人为教授,故北方之体操教员所用之体操方式,每德日参半焉。

(二) 运动

此期间,官立学校除上海之南洋天津之北洋外,多注重体操,教会学校则注重运动,如上海之沪江约翰,苏州之东华,南京之金陵,天津之新学书院,通州之协和,福州之福州,广州之岭南,武昌之文华,长沙之雅礼是也。教会既提倡运动,省立国立之中大学,受其空气之激荡,渐觉体操之无生气,一般青年亦觉运动之有兴趣。故省立国立各中大学,亦添课外运动,渐由单轨制而进为双轨制矣。故此期中之教会体育,在近代体育史上,实占重要之地位。

(三) 兵操

清季外患频乘,辛亥革命国耻未雪,举国人士,均主尚武。故当时不论官立及教会学校,莫不设有兵操,而官立学校之兵操钟点则几与体操相等(体操三点钟,兵操两点钟)。

(四) 运动会之组织

此期之中，最重要之运动会组织，莫如远东运动会。民国二年，在门尼剌开第一次运动会。此外又有全国运动会之组织。宣统二年秋开南洋劝业会时，开第一次全运会，民国三年，在北平天坛开第二次全运会。至于分区运动会，则北方有华北体育联合会，民国三年成立，同年行第一次比赛。同年东吴大学教授司马德发起六大学运动会，此为华东区惟一之运动组织。民国初年，广东体育会早已成立，提倡运动，不遗余力，全国运动会、远东运动会、广东队员均露头角。华中无固定之组织，华中运动会亦不定期举行，说者谓华中体育联合会最落伍，洵不诬也。

(五) 青年会体育

青年会体育之输入中国，共有两途：一为教会学校，一为青年会。光绪三十四年，厄克斯南博士(Dr.Exner)由美国青年协会派来，开上海青年会体育干事训练班，建上海青年会健身房，而华北华南华中各区体育会之组织，氏亦与有力焉。民国二年，青年会诸体育专家选派中国代表，赴菲列滨参加第一次远东运动会，其提倡体育之功，实不可湮灭。

第三期　双轨体育盛行时期(自民国五年至十年)

(一) 公共体育场运动

此期中最重要之运动，莫如公共体育场运动。民国四年秋，江苏省教育厅附设体育传习所，令江苏六十县每县派两人，来所训练三月之久，毕业后回各县任公共体育场长及指导员。于是上海南京无锡扬州通州各城之体育场，皆在翌年成立。

(二) 学校体育

前期之中，教师之训练，非重体操，即尚兵操，教师以其所学者教学生，故学校体育可以兵操及体操代表。此期中，南有南京之体育专修科，北有北高师之体育科，两科所教之理论较新，术科体操与运动并重。两科毕业生以其所教者教学生，故材料方法较前为有进步。

(三) 青年会体育

民国六年，青年协会觉体育领袖之缺乏，开办干事训练班，由麦克乐，蔡乐尔，史温，郝伯阳等氏为教授，前后养成干事三班。今之体育专家，如董守义许明辉及作者，皆与该校有关系，惜经费不足，八年暑假即宣布停办。八年夏，麦克乐氏回国。九年葛兰博士从印度来华，恢复干事训练班，重谋新发展。然终因教会在华势力日渐减小，青年会体育亦随之衰落。

(四) 运动组织之扩大

此期间学校体育虽仍行双轨制，而各学校之运动空气，则日增浓厚。在普通大中小学，每年至少开运动会一次，各省亦开全省运动会，非两年一次，即五年三次。民国九年华东六大学运动会，扩大而为八大学运动会，华北运动会，会员前期多属教会学校，而此期则国立大学亦多加入。至于华南方面，则在民国一二年间，广东福建均有运动会之组织，尤以香港一埠为最发达。观历届远东运动会中之为国争光者，多属华南队。运动之进步，可以想见。

总之此期之中，在华南华东两区域之内，运动跃入第一位，体操退居第二位。华北体操与运动并行。华中则体操尚占第一位，运动占第二位。此为本期全国体育之趋势。

第四期　体育更新时期(自民国十年至十四年)

十年前，来华之美国体育家不少，以麦克乐氏之贡献为最多。民八氏回国，研究两年，十年回华，任东南大学体育科主任。当时氏之言论思想焕然一新，所用实习教材，已减除体操，所教理论功课，多根据心理生物等科学。作者之以麦氏回华之期作为此期之始,即以此也。

(一)全国体育研究会之成立

民国十一年秋,教育改进社开第一次大会于济南,全国体育研究会即乘机成立。当时麦克乐氏执体育界之牛耳,为体育界之中心人物,凡调查研究,出版杂志等问题,悉由氏提出,后此等工作皆由麦氏主持。

(二)国立学校运动之勃兴

前两期中,提倡运动者,多半为教会学校,国立学校则将运动弃诸脑后。至此时期则亦尽力提倡,成绩灿然。华东八大学联合会,华北体育联合会,国立学校之参加者,已占其半数。且国立学校之成绩,不让教会学校,民国十三年之全国运动会得分最多者,为东南大学生其著例也。

此期之中,体育受言论之激荡,学校体育,已渐改良,方法取自然,材料求新鲜,实施材料,已舍旧取新,非如前两期之专以体操敷衍学生之光阴矣。

第五期　盛倡运动与国术勃兴时期(自北伐成功至现在)

此期之中体育界之变化至多,分论于下:

(一)新闻界之蜂起鼓吹

数年前,吾国各埠所发行之报纸,无体育一栏,专载体育消息。四五年来,报界风气大变,最初上海之《申报》《时事新报》及天津之《大公报》,先开一页,专载体育。今则不论大小各报莫不特开一栏,至少亦与教育新闻栏合为一页,其襄助鼓吹之力,固属不小,然因体育界中有少数人利用新闻界为自己宣传,养成新闻界虚骄之气。去年,北平市运动会为新闻记者之席次问题,与北平诸体育领袖发生误会,实至为不幸。此后,望体育界人士勿利用新闻界为己宣传,新闻界亦不必为个人宣传也。

（二）青年体育之衰落

前两期中青年会体育占重要之地位，北伐成功以来，政府本三民主义，使一切事业皆操诸国人之手，不论青年会或教会学校，皆归国人自办。青年会体育向操诸外人之手者，亦改由国人主持。故今之青年会中，外国体育专家，几乎绝迹。一方面因青年会体育中心人物之缺乏，主持乏人，遂致衰落。今日体育之重心，半落于学校，半落于民众，青年会体育已失其体育上之地位矣。

（三）国术之提倡

国术之应否提倡问题，非本文范围内所应讨论。据最近情形，首都有中央国术馆，各省市有国术分馆，最近，在孝陵卫又办有国术体育专门学校，训练国术与体育兼长之师资，国术似乎蒸蒸日上，有一日千里之势，然国术依然未科学化，教材与动作，依然不能合学生心理。尚有一般国术家拘守成法，固执旧见，不明国术与体育之关系，以国粹一名义为护符，自立门户，不知国术为体育动作之一种，可以包括于体育而不能包括体育也。国术惟有合理化与科学化乃可以维持其地位，若专恃政治之力量以维持之，则人在政举，人亡政息，不能勉强也。

（四）全国体育会议

民国十一年八月十六日至二十日，教育部召集全国体育会议，请袁敦礼郝更生及作者本人三人为方案起草委员。到会会员有一百零四人，提案有二百余，开会时，分（1）体育目标；（2）行政组织；（3）体育研究；（4）实施推行；（5）考成等五组讨论。结果将二百余提案分组讨论通过，尽纳于方案中，方案终亦经大会通过。今发表之《体育实施方案》，实为该会议之结晶，亦即可作为实施体育之南针者也。惜中央无全部实施之决心，民众无实施之力量，前途如何，尚不得而知。

（五）民众体育

前两期间，各省市创办公共体育场，在教育厅教育局无主管机关。北伐成功以后，民众体育在省中由教育厅第三科（民众教育科）主管，在城市中，由社会局主管。凡省运动会，全国运动会，皆以省市为参加单位，故以后省市代表，并非全属学校学生，一部份确为民众也。故民众体育一端，为最近产生之体育事业。

结　　论

纵觉吾国体育发达之最近历史，可以知，国立学校体育，由体操一轨进而至于双轨（体操与运动并重），最近又由双轨而进于单轨（运动）。教会学校向用一轨。从体育之政策方面说，体育应普及全校全民，今之学校体育与民众体育确向此方进行。惟目前无有效之促进方法，结果，提倡者为少数人之体育，非全民之体育，故今后宜定出考成标准，考验全校之体育，全市民众之体育。例如学校体育之优劣，以一校学生全体及格之成数而定，一市之优劣，以参加人民之多寡与及格者之成数而定。如是则全民起而动员，体育自能发达矣。

（原载《时事月报》1933 年第 9 卷第 4 期）

（三）国民体育

全国运动会感言及今后之觉悟

全国运动会者，我中华民国全体人民之运动会，亦即全国士农工商军警各界运动代表加入之运动会也。然此次武昌之会，吾人扪心自问，运动员中属农者有几人？属工者有几人？属商属军警者又有几人？吾恐除学生而外，其他无几也。则此次之会，徒负全国之名，而无全国之实；谓之全国学生运动会则可，谓之全国运动会则不可。岂非大失全国运动会之本旨乎？况夫全国运动会者，所以预备远东运动会，亦所以预备万国运动会。而此两大运动会中，各国之加入者，属农者有之；属工者有之；属商属军警者亦有之；而我国仅恃少数之学生代表，与彼各国全体人民之代表抗；是何异乞丐与猗顿较富，懦夫而与孟贲角力耶？胜负之数，何待蓍龟。历次远东运动会之失败，万国运动会之无人加入，皆因运动一事悉委之学生，而提倡者亦专注学生之过也。倘自今以后，办体育者仍拘守存法，不改方针，则下次之远东运动会必继续失败，万国运动会必仍罕人加入，而我国文弱之衔，将永无割除之日，岂不大可耻乎？故今后之办体育者，不可不有澈底之觉悟！

据管见所及，约有二端：一为治本方法——首在普及体育。欲谋普及，不可不知我国自来习尚；否则施法无方，徒劳无功。我国素称文弱之邦，数千年来，重文轻武，至今遗风犹存。中年以上之人，已染此风；欲与讲运动，犹对牛弹琴，戛戛乎其难矣。惟幼年子弟，不论为工，为商，为农，皆入小学；且旧习未染，天性活动，教以运动，犹饥者与以食，渴者与以饮，因势利导，收效极易。倘在学校已养成运动习惯，运动基本，他日升学，欲禁其运动尚不可，况更加以提倡之乎。

故小学生之能运动而升学者,不虑其不成名手也。即或小学毕业以后,转而为商,为工,为农,亦因平日学校体育之训练,对运动自然关心。设环境适宜,业余有暇,闻舆论之鼓吹,报章之策勉,将投袂而起,更习旧技,希登名于跑跳之场,夺锦标于万夫之中。则此时之所谓全国运动会者,真全国人之运动会矣。加入者不止一界,报名者何止此数;竞争多,则成绩良,自然之势也。远东运动会何患不胜?万国运动会何患无人加入?故普及小学体育为今后之惟一先决问题。虽然,此种计划只能收效于将来,不能收速效于目前;故治本之外不可不兼有治标之策。治标之策,首在改良军队体育。历年全国各体育家及各体育机关,目光偏于学校,不知学校之外,尚有更急而更易造就之军队在。当欧战雌雄未决之际,美国挟有运动素有根基之国民,遽于三月间,集成陆军百万,以之战胜强德。自是以后,世人莫不信运动为训练军队无上之术。今我全国所有军队,亦近百万,平日所练者为呆板之兵操;其不可用也,不待言矣。设自今以后,全国各体育家,各体育机关,移其一部份精神于改良军队体育,与各省督军接洽,说其一营或一连中,添聘一运动指导员,减其兵操,补以运动;苟全国一致,则不啻全国立增百万之运动员也。况兵士之体力,大于学生;练习之时间,富于学生;以雄大之体力,加以多时之练习,而谓其成绩不高出学生数倍者,吾不信也。一旦拔其优者,与世界抗,尚有可操胜券希望,何况区区之远东运动会乎?吾望全国体育同人,急起图之!

(原载《教育与人生》1924 年第 31 期)

普及体育之意见

吾国近代体育,始于前清光绪二十余年间,迄今已三十年,不谓不久矣。然而体育之不普及依然,病夫之议犹存,此何故也?盖由于历来办体育者,目标未能认清,提倡无方,与设施未得其当耳。向之在日本留学者,不过以瑞典式变相之体操,运回中国,以供学校教材,聊以调剂精神,从未梦及普及两字。民国以来,美国体育家来华提倡体育者不少,所谈理论,所用教材,所操方法,均较日本派为新而实用,一度改进,功不可掩。然除少数培养师资之外,大率专攻于运动员之训练,将普及体育之根本问题,束之高阁,不免舍本而逐末。夫运动员来源,在体育普及。既普及矣,民众能运动,而比较益多,磨炼愈精,出类拔萃之运动员,自蔚然而出。今舍普及之工作,而专事训练少数运动员,将何以免舍本逐末之议乎?虽然,是等外国体育家,生长异域,见界不同,思想亦异,于我国之人情,风俗,历史,习惯,大多隔膜,不必深责。所大惑不解者,即生于中土,受业于国外之辈,仍蹈外国体育家之覆辙者,比比皆是,其贻误一般青年之罪,岂浅鲜哉?鄙人自十六年回国,即抱多实行,少空言之主义。今觉已往之错误,不敢缄默,愿与当代教育家及体育家一商榷之。

一、普及体育所以完成教育

体育所以达教育一部份之目的,即所以与他种教育共达教育全体之目的。体育为教育之一部份,为中外教育家所公认。教育而缺体育,不得称为完全之教育。故普及体育,即所以完成教育。普及体育之必要,于兹益显。

二、普及体育与社会体育之关系

普及体育当按各要素设计,不论何种教育,皆含有五种要素:(一)儿童或运动员,(二)教材或活动,(三)教员或指导员,(四)时间,(五)设备,就体育论,以儿童为中心,以活动为方法,以指导员时间及设备为工具,五者缺一,即不成为体育,其理甚显,数年前,办体育者,竟犯此规则,如各县公共体育场,其例也。夫公共体育场,设备也,场长及助理,指导员也,所谓公共体育场者,要素中之二要素耳。然而,人民终日不在商铺,即在畎亩,自朝至暮,不稍间断,无时间也。人民自幼至长,从未习过运动,无活动也。既不能活动,即无运动员矣。五者缺其三,其能成体育得乎。宜乎场上杳无人迹,生气索然。是故今日而欲言普及体育,首在于养成能运动之人,次则得运动之时间。试以今日上海之体育证之,益觉斯见之不谬。夫上海为工商化之大埠,亦即欧美化之大城,与好运动之外人接触既多,关于运动之见闻亦广,潜移默化,至于今日,上海人之能运动者益众。人与活动之二要素得矣。加以每日工作时间有定,星期亦有例假,时间要素又得矣。故再加以得力之指导员,完美之场地及设备,体育自能普及而发达,如体育协进会所办之体育事业,蒸蒸日上,良有以也。论者多归功于办理之人,不知此乃应时事之要求,当然之结果。至于未工商化之区域,而欲求普及,首须养成能运动之人;次须改良运动种类,严订教师资格,强迫体育,扩充小学体育设备及确定体育经费;兹分论于下:

(一)培养运动人员

运动人员,为体育之中心,既如上述。果何自而着手培养乎?余应之曰,由普及小学体育始。吾国一般成人,幼年时早失训练,机巧未能发达,兴味无从产生,加以从事谋生,夜以继日,无余暇可供运动。故由成人而提倡体育,则徒耗金钱,收效甚微。至于大学生及高中学生,虽有学习机会,而课务繁重,无充分之时间,其弊一也。按美国哥仑比亚大学师范院体育科教授韦廉士之儿童运动时期之分类,六至十一为自由活动期,十一至十二为学习技术期,十二至十五为分队游戏期,十六岁以上为运动速度增进期。高中及大学生,大半皆十六岁以上，最好之学习期已错过，故欲普及体育，而从高中入手，则戛戛乎难矣。彼小学儿童则不然，禀性好动，神经肌肉之发展生长，与岁俱增，运动本能，随时发现，因势利导，事半功倍。设在学成时养成运动习惯，他日为工为商，遇有余暇，鲜有不驰骋于运动场者，斯时社会体育，乃臻普及。乃历年来从事体育者，不此之图，而惟以训练少数大学运动员为务，可谓不揣其本而齐其末矣。

（二）改良运动教材

十年前各学校所用体操教材，为变相之瑞典式。须知此类体操，乃人为的机械运动，本为训练士兵之工具，而吾国一般体操教师，徒知抄袭，用以敷衍学生之光阴。活泼之时期，遂为之错过，以枘入凿，可笑孰甚！无怪乎学生视为畏途，而兴味索然也。自美国式体育输入中国，风气为之一变。然因办学者不明体育原理，教师为自身便利计，至今犹沿用旧教材。教师在上课时所教者为一事，儿童在课后游戏者另一事，所学非所用，所用非所学。阻碍体育之发达，莫此为甚。为今之计，惟有求教材之实用，上课时所教之运动，即课间或课后所做之游戏。上课为指导时期，教以方法，下课后为实习时期，用以实行所指导之方法。于是教授与实习一致，熟练之程度易臻，而兴味亦油然生矣，兴味生而运动之习惯亦藉之而养成矣。普及之道，其在此乎。

（三）严订教师资格

现有体育教师，大半毕业于私立初级体育学校。其入学之资格，属小学毕业生者不少，基本未立，其学习之能力，已逊人多矣。况所入体育学校，强半属营业性质，在学期限既短，课程之标准亦低，即教师自身之训练亦不足。结果，除跑跳之外，一无所能。毕业之后，厕身教员之列，办事不学无术，目为武夫，名列末序，俸给亦低。当其列席于校务会议，有所建议，非斥为迂遗，即指为无根据。一切主张，无从实现。夫体育本为一种基本教育，因从事者不得其人，而目为无关紧要之课程。遗误教育前途，莫甚于此。今后之计，体育师资之宜提高，不容缓矣。

1. 小学体育教师，须高中师范科体育组毕业，其入学之资格，当为中初毕业，其理由如下：

(1) 身心方面：初中毕业生，大约在十六岁以上，体格与心脏之发达并行，非若小学毕业生肢体之发展速于内脏而显柔弱。肌肉之耐劳性增加，反应速度亦增加。对于田径赛运动合宜，且好做连合性之球戏，故教以各种球术，正合其需要。

(2) 基本知识方面，对于国文算学自然科等，已稍有初步基本，高中之普通功课，体育理论，自能了解。其程度与一班师范科学生等。今也不然，高小毕业生即入体育学校，基本知识既不充足，而体育学校之基本知识又不注意，专事学习技能。一二年后毕业，成一运动员，入社会服务，格格不相入，困难从生。

(3) 在高中师范科毕业，其资格地位，与他组毕业生等。即平日与他组学生同处，见闻多而知识广，接触多而关系深。毕业之后，当然可得互相提携之助。至于体育学校毕业，出身既异，臭味不同。与他科员无同等程度，不易得其同情。故在校孤掌难鸣，欲事提倡难矣。

2. 中学教师，须大学体育科或体育专修科毕业者为合格，若以今日毕业私立体育学校者充任，程度方面，缺乏学理之研究，资格因之而低，徒以跑跳胜人，学生岂能信仰，欲谋学校之体育，不可得矣。

3. 私立体育学校毕业生之补习方法，私立体育学校毕业程度既低，不能不予以补习进步之机会。故各区教育行政机关，宜办暑期体育科，规定若干学分，得于数暑期继续修毕之，而得毕业文凭，与师范体育科组同等资格。如是，则师资备而教授有方，资格高而地位亦升矣。

(四) 中小学生应与有充足运动时间

吾国教育当局，对于学校教育有一普通错误之观念，即以学校为专求知识之处是也。不知日常生活，应用知识，只占一部，至于实行知识，端赖身体。英德人服务年限，始于三十，而终于六十至七十。其间服务年限有三十至四十年之多，何也？其身体在少壮时期，做相当之运动。养成习惯而时习之，以保其各器官不退化为之也。吾国人年未耳顺,即弯躬屈脊,形容枯槁。甚有大学毕业未久,即病痨而死者,项背相望,此由于教育当局,不知划一部份时间,使练运动之故耳。若在校时,每日与以一点钟之时间,则一年所耗之在学时间,不过二百七十至三百小时,只合二十一日。十年之间,亦不过二百十日。尚不及一年之久。倘此短时间内,将体格练好,或能延寿十年二十年之久。况青年期为分利期,时间价值不高。而老年所增延之寿,属生利期乃黄金时刻也。以一年不生利之时间,得延二十年生利之寿命。一本万利之事业,莫此尚矣。生之者众,用之者寡,为生财之大道。讲社会经济者,莫不应用是原则。利用分利时间,增延生利时间,足为国家大增生利之源。然而当世教育家,体育家,经济家,从未注意及之。而一般教育当局,及中等学校校长,又视体育为随意功课。一校有数百学生,体育教员,不过一人,以事敷衍。即偶有一二学校有充足之教师,亦不过设正式体操班,每星期二三小时,聊以塞责。其遗误青年,及暗中断丧国家经济之源,不得辞其咎矣。当此趋工商化之社会,思想迅速,做事敏捷之习惯,万不可少。自今以后,从事教育者,注意培养阅书敏捷,解题迅速之能力。一方精订课程,无谓者删而去之。于是每日得省出一点钟之时间,从事运动。利国利民之道,此亦其一。

(五) 扩充小学体育设备及运动场

今之谈社会体育者,莫不曰各县添公共体育场,劝社会上一般人来运动。不知中国年在二十五岁以上之成人,大概不会运动。运动场之有无,与社会体育不生关系。至于幼年儿童,居城之四处,其迹所到之处,均在一里以内。城中一县立公共体育场,办事人即尽力招徕,万不能吸收全城儿童。况有不明真义者,禁止儿童入场者乎。故今日城市间之公共体育场,不以儿童为中心者不啻成城市间装饰品。虚靡国帑,无益也。今后之计,欲提倡普及,莫如扩充小学体育设备,及学校运动场。盖儿童各有其校,各校既富有设备,各儿童均有着落。倘于星期日寒假暑假开放,收容其本校之儿童,则体育可随教育之普及而普及。及小学体育普及后,加以中学数年之训练,则数年以后,全社会上之能运动者必多。于是应时世之要求，而办公共体育场，则是场也可立臻发达。若沿用陈法，不求改进，则欲体育普及，犹缘木求鱼。

（六）学校体育经费宜确定

二十年来，体育所用教材，大半属体操，设备虽简单，场地虽狭小，亦不感困难。今则实地教材，由体操而进为运动，一足球至少需十元，一打网球至少十二元，筑一网球场至少七八十元。开一篮球场亦至少需二十元。体育费用，渐次扩大。虽学校有收体育费之规定，然至多每年四元，少则二元，为数极微。故今后体育费用，须列入学校预算，度经济之情形，尽量扩充。如是则经费确定而推广易，普及有望矣。

以上数端，不过抒平日所见，而举其重要者耳，尚望当代教育家及体育同人，有以指正之。

（原载《体育杂志》1929年第2期）

对于本届华中运动会之感想

鄙人到会数日，会中形形色色，历历在目，刺激脑海，令我有不得已于言之处，爰分别陈之：

一、程厅长之热心体育

本会场地，面积宽广，规模宏大，在内地诸省，可称体育上空前之建筑。又此次与会各省市运动员及职员不下千人，住宿饮食，悉由该会供给，此大东道主，非有十分热忱，谁愿担当？开会以来，厅长无日不到，无项不看，真所谓好而乐之者，有此兴趣，故有此热忱；有此热忱，故有此建筑与盛果。胜彼敷衍门面，聊以塞责者，岂可以道里计哉。今全国人民，已为之惊醒，不数年后，皖省体育，定能与浙省并驾齐驱，而得锦标也。

二、运动欠讲方法

此次径赛之中，短自百米，长至万米，跑之态势，长短不分，实欠研究。至可异者，莫如湘省之运动员，跑时两臂伸直，上体呆板，虚耗精力。以后当细读专门运动书籍，力求改良。他如接力跑，接棍之不得法；掷标枪跑末之停顿，方法一改成绩立增。尚望任指导员者三注意焉。

三、运动员之道德

此次华中各省运动员，服从裁判，无异上海。惜少数领导员，迷于锦标，以能争为干练，以争得为光荣。运动之精神失，评判员之困难生。倘此恶习不除，则人将以运动会为发生争端之源面畏开之。岂非体育前途大受打击耶？

四、下届华中运动会宜请超然之评判

此次评判除鄙人与吴德懋君外，皆由各省体育教员分担。互相猜忌，起无谓之争端，与总裁判以绝大之困难，下届该会评判员，超然者之数，至少应居三分之一。

五、以后体育界同人宜注意修养

吾国旧俗重文轻武，今遗风犹存。体育教员尚为一般人所低视，由来渐矣。此固由于一般人眼光之错误，而体育界本身，未始非有以自取之也。本届评判员中。有一二位暴动粗糙，态度强硬，真吕东莱氏所谓有形而不能使，而反见使于形者。丧失其个人人格不足惜，而遣羞于体育同人实可恨，倘以后专心修养，痛改前非，则白圭之玷，尚可磨也。望勿自弃！

会余之暇，心力俱倦，任意写来，文句多率，望读者原谅。

（原载《第四届华中运动会特刊》，1930 年）

远东运动会中国失败之原因及今后补救之方法

远东运动会自创设以来,前后举行九次。观历届成绩与日本之比较,日本则蒸蒸日上,中国则节节退步。至第八届,则田径运动,竟得零分,然犹有足球网球排球得锦标,尚可藉掩羞脸。逮及本届,则田径败于前,篮球挫于后,去全军覆没,尚有几何?当此惨败之余,欲图重振旗鼓,复仇雪耻,首当明失败之原因,次讲补救之方法,犹一人病重频危,欲起死回生,宜先从诊察病由入手,然后对症发药,效果可期。兹姑效医者诊病之方法,先分析病由于下:

(一)运动风气未尝开通

吾国旧习,重文轻武,今遗风犹存。各学校之低视体育教员,各大学体育科之投考生少,留学学额之缺体育一门,其明证也。即如本届之失败,全国人士,除从事体育者外,注意者有几人?教育当局,行政当局,出而切实提倡者,有几人?此种规模极大之国际间比赛,胜负之责任,全归于少数办体育之人,谁云正当!

(二)政局之不稳定

运动事业为升平世界之产品,吾国频年战争,百业萧条,运动事业,焉能不受影响?单独发达,当此运动空气紧张之际,正可藉此一鼓足气,力求进步,但军事倥偬,注意力转移,设政局有变,校长教员,均须易人,在此环境之下,谁能安心练习运动耶?即如中央来年之全国运动会计划,亦将从此取消。诸如此类,运动事业焉得发展!

（三）体育缺行政机关

中国奔走呼号，切实提倡体育者，仅此少数无财无权之体育家耳。他如教育局，除每年办一次运动会之外，尚有何种切实之设施？教育部为一国之教育总机关，德国教部之第四司，即体育司，日文部省有体育科，办事员有数十人之多。试问中国教育部中负体育之责者有几人？在大学院时代，曾有体育指导委员会之召集，社会教育司之下，设有女体育指导员一人，皆徒拥虚名，毫无实权，及大学院改为教育部，根本将所有体育指导委员会及指导员一并裁去，两年以来未有动静。今中央早已觉悟，学校当局，亦渐唤醒，唯厕中间之教育行政当局，如教育部教育厅则放弃责任。此次国际比赛之失败，教育部及各省教育部厅，应有相当觉悟。

（四）缺乏良好之指导员

中国各大学之运动指导员，强半是运动员出身，其成绩固属平平，其方法确是陈腐，且故步自封，不肯研究，不愿读书。偶有新方法提出，竟有拋拒绝态度，坚执己法为无上者，其不虚心，懒进取，孰甚于此！指导员之情形如是，欲望此规模宏大之国际比赛中得胜，难矣。

（五）运动员无刻苦练习之精神欠分析练习之耐心

吾国远东代表，大半属学生，平日功课繁忙，无暇行系统练习，一曝十寒，临渴掘井，所有缺点，并不分析，行基本训练，所谓练习，不过疲劳肌肉，以此种方法练习，焉得进步？今举跳远及掷抢之例，各运动员可完全觉悟。

1. 在希腊时代，跳远时，手中持有半月形之石片，跳出之后，将石片后掷，利用反动力，以增远度，此反动力之大小，视臂伸直之程度，及石片之轻重而定。今持石跳远，规则不许，握拳下振，何异投石（观鄙人所著《运动学》一四四而至一四六面之图，及本届远东运动会日本南部平忠之照，可以知臂由下后振之动作，大有助于跳远成绩）。然而吾国跳远之好手，能摆动合法者有几人？此两臂下后振之动作，两腿之向前下直伸有关，如曰不信，请一试之。

2. 掷抢之前跑动作，是应用力学加速度之理，若末二步用单足跳法，则跑之速度停止，是一种缺点，两脚之距离太近，根基太小，是第二种缺点，身体之向后倾斜度太小，工作距离太小，是第三种缺点。交叉腾步（见《运动学》一六八至一六九两面）之可贵，即在避免上三者之缺点。据个人之经验，掷抢者，如若学习到家，至少可增十米，然在全国运动会时，跑而合法者，今不多觏，欲与国外坚忍刻苦之运动员较上下，当然失败。

（六）学风不良，指导员无从严格训练

现今学风堕落，运动指导等一体育干事，谈不到教学两项，反观东西强盛之国，教师努力指导，学生绝对服从，运动成绩，自然锐进。吾国在此反常情形之下，与外人比较，岂特运动失败而已哉！

（七）运动员缺乏基础

运动之解剖与生理的基础，在神经与肌肉系统方面，身体之发育，神经与肌肉并行，机巧发展之程度，视使用此神经与肌肉之情形而定。儿童时期有正当之训练，则脑感路之养成亦确当，机巧亦得以充分发展。中国运动员，在小学校时期，缺少正当之训练，所谓反应，谐和，活泼，均难臻完美之境，欲养成一运动名手难矣！

（八）体育未臻普及

吾国从事运动者，只少数之学生耳，且一校之中，能运动者，不过十分之一二，其余袖手旁观，视体育如药石。此极少数之人，既乏相当之指导，又欠刻苦之练习，出类拔萃之人才，焉得产生？

（九）体育无组织

吾国体育，行政界既无人管理，民间亦一盘散沙，毫无组织，平日视察比赛，无人过问，即有新法，无从推广，提倡者乏人，强迫者乏人，听其自生自灭，发达

何从谈到?

(十) 体育界少联络

他项科学,皆有学会,惟体育则无会社以资联络,无出版物以通生气,意见不易一致,提倡亦少势力,以此地广人众之中国,赖少数无团结力之体育家,单独提倡体育,欲体育普及,比赛得胜难矣!

以上十条,不过为其荦荦大者,尚有间接及细小之原因,限于篇幅,不能毕举,至于补救方法,则各人之观点不同,主张亦异,兹就个人之所见如下:

一、治本方法

(一) 教育部从速召集体育委员会,定以下各种标准

1. 城市小学与乡村小学之体育设备及场地之标准　是当以儿童为单位,每位占若干地位?用若干设备?

2. 体育教员之标准　每一教员至多指导若干学生?过此限度,即当聘两体育教员。

3. 升学之标准　小学初中学生某种体重,某种体高,某岁年龄,各项运动须达若干分数,方得毕业。高中大学亦如之,体育学分不修足者,不得毕业。

4. 体育经费之标准　现今中小学体育无经常费,所赖以购球类设备运动器具者,全赖学生之运动费,甚有以运动费移作他用者,以后须严行取缔,且不论官私学校,皆当有体育设备之预算。

(二) 各级教育行政机关设体育行政人员

以上各种标准规定之后,尚是一纸空文,如无人督促实行,仍是徒然,故各县教育局须设体育指导员,指导全局所辖各校体育;教育厅须设体育视察员,视察省立及注册各私立学校之体育;教育部高等教育司或普通教育司之下,设体育科,专定全国体育方案,修改各种标准,统计给分标准,管理体育学校及大学体育科,办理全国运动会,设各种委员会(如体育名词审查委员会,体育图书审

查委员会等），编订体育教授科目及细目，督促各地方设体育协进会，凡一切体育事业，人民无力举办者，教育部宜一一举办之。至于省体育视察员或县指导员，须有商定各校长进退体育教员之权，万一校长办理体育不力，可禀局长及厅长处分之，如是则体育指导员有何计划，校长教员不敢不行，不及数年，成效立见。

（三）大学添设体育科养成完美之人才

今各大学之运动指导员，具相当技能者，不乏其人，然逯明痛语，竟云无良好指导员者，何故耶？盖运动指导员，技能是一事，而方法学理及教学法，又是一事。今之运动指导员，技能或有之，方法理论及教学法则未也，故治本之道，莫如各大学添设体育科，功课多则四年，少则三年，技能方法与理论，三者并重，如是则人才辈出，而运动教员决不如今日之缺乏矣。今敝校体育科全取此种方针办理，尚望有以指教之！

（四）整顿体育学校

近今私立体育学校充斥，其学生入学资格，教师程度，课程组织，经济设备，无人过问，教育部或教育厅宜规定标准，派员调查，成绩优良者，设法补助，使经济充实，日渐改善，不合格者，即令停闭。如是则中小学体育教师，从此程度提高。

（五）增设体育留学学额

教育部曾令各省留学学额，专限理工两科，不知中国理工人才，自外回国者，前后不在少数，大半因国内频年战争，实业不振转入政界者有之，在各大学教授者有之，故一时呈缺乏之现象耳。实际，何尝如体育教授运动指导之缺乏哉？体育教师不良，所谓体育科体育学校，均无法办好，良好指导员，即无从产生，其重要可知。故以后从各省宜添设体育留学学额，即如下届之全国运动会经费五十万中，何尝不可留一部份，作为留学经费，派大学三年以上之体育科毕业生及大学体育助教及讲师留学，其办法如下：

1. 行公开考试。

2. 资格须大学三年以上之体育科毕业。

3. 考试科目　分术科,中外文字,科学,教育,如是则有技能,有根底基本之学生,自能当选,而他日大学体育教师及运动指导员备矣。

(六) 严订教师资格

今之大学体育指导员,非体育科毕业者不少,对于方法理论,尚欠研究,即对于各项运动,亦未尝入彀,遇学生之技能较高而进步停止时,则束手无策,欲望其学生打破纪录难矣。故今后之大学体育教师指导员,至少大学体育科毕业,至于中小学体育教师,亦至少有三年以上之训练,毕业程度,地位待遇,方得与其他教员平等,而提倡较之力量可以增加,与普及教育有关系。

二、救急办法

(一) 创办短期运动指导讲习会

是可由中央党部训练部或教部,请中外体育专家运动名家,开运动指导讲习会,令各中大学体育教员及运动指导员,到会学习,输以运动理论及新式运动方法,此比各大学聘请外国运动指导员之办法,经济省而效力大。

(二) 体育教员及运动指导员此后须阅读运动书

吾国坊间,运动书籍太少,即有一二种,亦思想极简单而普通,讲到方法,无物理之根据,读者无从明其究竟,图照少而无系统,阅者无从悉其步骤。鄙人著有《运动学》一书,第一篇力学篇,为六年来研究之结果;第二篇为运动篇,注重田径运动,用分析之方法,逐步应用力学,解释各项运动之要点,莫不详细讨论,读者可澈底了解,其中所插图照,多有系统,可以逐步模仿,惟限于书名,不容插入系统训练方法,兹拟限一年之内,将训练方法完全写出,另成一册,与《运动学》对看,理论方法训练法三者,可了如指掌,而指导有方矣。

（三）全国运动员注意分析及有程序之练习

寻常之所谓练习，练跑八百米者，不过每日跑一次八百米，练掷标枪者，每日掷几次，练跳远者，亦准时跳几次而已，不知练习分三途，一练力，二练方法，三练速度。在单杠上引体向上，在双杠上两臂屈伸，所以练撑高跳之力也，慢跑千米，所以练四百米之力也，故以力分各项运动，均须有练力之程序，习交叉腾步，所以练掷枪末三步之方法也，右臂后上举，同时左臂向前上举，继则双臂前下后重振，终则向前振，是跳远以臂助身体向前进之方法也，故练习而以方法分，又有方法之程序学起跑。学快踏步跑，练百米之速度也，持竿跑五十米，所以练撑高跳向前之速度也，故以速度分又有速度之程序。进一层说，一项运动有练力练方法练速度之必要，学者上场之前，每次须抱定目标练力或练速度，或教方法之一部份，每次跳掷注意力，专注一点，若随便糊涂，无秩序，无目标之练习，则所谓练习者，不过疲乏肌肉而已，无益也。吾国运动员非一曝十寒，即随便练习，以后宜痛改前非。

（四）扩大锦标之目标

国际间之比赛，乃我国家荣辱之所系，胜负在所必争。至于国内任何比赛，乃为准备国际比赛而举行，胜之不足为荣，败之不足为辱，以后国内运动员之精神，须大加振刷，对国内大小锦标，看得轻如鸿毛，则不论华南华北，华东华西，皆能合作，力量雄厚，自可操胜。今日社会上之流弊，看锦标太重，无时不争，无处不争，甚有因锦标之细小问题，引起极大风潮，致校际校内比赛非停止不可者，此种现象，于体育前途大有妨害，望全国教育界体育界运动员之注意焉。

最后尚有一点，须为全国人士告者，即体育事业，关于远东运动会胜败之问题尚小，关我中华民族盛衰之问题，社会安宁之问题甚大。纵观世界民族，历史愈长，衰颓愈甚，埃及希腊及中国均呈衰颓之象。按人类学家之见界，我中华民族实在危急存亡之秋，然据社会学家之见界，则并不悲观，据其意见，谓环境风俗若能改良，有挽救余地。试问民族衰颓，身体退化，挽救之法，舍体育其谁？

中国人民，道德沦亡，几达极点，须知道德为精神表示之一种态度，精神为身体之产品，身体不健全，神经衰弱，易动感情，易趋极端，大之社会之不宁，小之学潮之易起，均与体育有关系。今后全国人民应注意提倡体育，扫除从前文弱衰颓之风，则远东运动会亦易得胜，民族亦从此可以复兴。

（原载《湖北教育厅公报》1930 年第 1 卷第 5 期；又见《浙江教育行政周刊》1930 年第 24 期及《河南教育》1930 年第 2 卷第 23 期）

筹备全运会一点意见

四月初在杭州举行全国运动会时，即闻中央有以五十万元之经费，就首都筹备下届全国运动会之决议，未几，阎冯称兵，背叛中央，军事倥偬，经济竭蹶，当此多事之秋，全国运动会筹备事务，仍积极进行，足证中央建设之志坚，而提倡体育之心切，凡我体育同志，宜皆当竭尽心力，尽量供献意见，以谋此事之臻至善，今筹备委员已发表，正副干事已聘定，筹备事务，千端万绪，不久开始，据管见所及，其最重要者莫如运动，建筑，盖欧美先进国家，通都大城，莫不有精美雄壮之运动场，与图书馆及其他公共建筑物并驾齐驱，今首都运动场择定灵谷寺旁，与中山陵近在咫尺，显有与中山陵媲美之意，而称中央重大建筑物也，其形式结构，须合法精美，自不待言，鄙人虽非工程师，但对于运动建筑，曾在国外有一度之考察，在实施方面，亦有一度之研究，本当仁不让之意，愿与筹备诸君一商榷之。

（一）建筑经费 运动建筑费多则数百万，少则数十万，下届全国运动会预算共五十万，尽数作为建筑经费，尚属不敷，故一切招待费用，宜省至最小之数，查上届全国运动会招待费，不过三万余元，则下届运动会五六万已足，其余四十余万，悉作建筑费可也。

（二）场址地位 运动场之地点，择交通便利，民众常到之处，建筑则日常应用便利，享受便多，若专为开全运动会而设，不愿平日应用之便利者，则场之效用甚微，建筑虽精美徒然也。今下届之运动会场已择定中山陵东，灵谷寺旁，取其地域之宽大，风景之秀美，及他日城市建筑计划之顾及，固亦有相当之理由，然离城太远，在交通便利之城市，为家具汽车之民众即可，为交通不便之南京，日趋贫苦之中华民国人民则不可，况今内战复起，建设停止，城内之空地犹多，财政困难，建费浩繁，城外建筑之无期，及人民徒居城外之日，运动场早已崩坏，此亦不能不退一步虑及者也。虽然运动场地址已决定，无可挽回，游泳池一所，何尝不可择城内相当之地，如励志社公共体育场附近建筑，及运动会过后，人民可购券入池，可开市民新式消遣之风，万一经济不敷，可在造林场办公室后开设一露天游泳池，利用紫金山下之泉，作池水，如是则自动换水，可省平日换水经费，如美国 Missouri 省 Irondale 之露天游泳池，共好例也。一年前作者曾与童子军露宿于此泉之旁早具此见界，开凿之费，至多一万元，望当局注意。

（三）场地分配　场地须分主附两种，在主场上须能举行田径运动足球排球篮球及其他重要之项目，其周围须建看台，效日本之神宫外苑运动场，一面建看台，三面筑草坡亦可，若在灵谷寺能利用山麓，则更经济，看台至少可容十万人，因球队太多，主场不敷应用，可建附场，如篮球足球排球网球场，可建主场之旁，如经济不敷，不必建有看台，下届全国运动会场，宜用全部财力经营主场，不可再蹈杭州运动场之覆辙，分散其建筑费于附场，而使主场不得精美也。

（四）建筑之实际问题

甲，跑道之形式　有正常式或篮曲式（Korbbogenform）及变通式（包括半圆式尖圆式）两类，德国体育专门学校之运动场，荷兰阿姆斯脱屯运动场，均用正常式，取其跑道中间，得建一合法之足球场也。今春参观杭州运动场之建筑，跑道之内，砂坑跳道任意布置，毫无章法，致足球场地位，完全占据，凡重要之足球比赛，不得在主场内比赛，至最后数日，此场已沓无人迹，殊损大会之精神。

乙，跑道本身之建筑　跑道本身之建筑，非简单事也，普通分三层，上层质料，方子最多，主要由细白煤灰屑烟煤灰屑粘土砂数种混合而成，决非单纯细煤灰屑所能济事，前届全国运动会跳远成绩至多六·三米，即跳远跑道建筑不合法之过也，此次首都建筑新运动场，或即为第十一次远东运动会场，亦即为将来之世界运动会场，中外观瞻所系，宜三注意焉。

丙，跳道及推掷区域之布置跳道及推掷区域，大忌在足球场内，致破坏足球场，杭州全国运动会场竟犯此病，德国对于运动建筑法最精，以跳高跳远沙坑及跑道，均分配于径赛跑道曲段之内与足球场之外，南北各一隅风光不顺，可以舍此就彼，日本第九届远东运动会场中之跳掷区域之分配，即仿德国而来，望筹备当局注意焉。

（原载《中央时报》1930 年 6 月 22 日；又见于《益世报》1930 年 7 月 2 日）

今后之国民体育问题之我见

余读八月七日大公报《今后国民体育问题》一文悉其全文主旨，不外两点：其一，竞赛运动，损害健康，费时耗财，有废止之暗示；其二，土体育节时省财，却病延年，可报卫国治产之目的。此种结论，是否合理却是疑问。兹愿详细分析，一申论之。

一、竞赛损害健康问题

近世科学发达，不论何种结论，须有科学之根据，或根据自然科学之实验，或根据社会科学之统计，体育既属社会科学又属自然科学，故体育之种种问题，须由实验统计之方法解决之，稍有科学知识者，莫不赞同。然文中“竞赛损害身体健康”之结论，即以人见娟枝之夭折为据，若此结论，果为可信，则日本全国将完全废止竞赛运动矣。然而不然者，足见此结论之不当。盖人见氏之夭折，为运动中之特例，在统计之常态曲线 Normal Curve 中，居两端之地位，统计家常忽视之，而该报记者竟据以为结论，欠缺统计基础昭然若揭。若举德国近今体育之状况以证明之，则益觉其不当。大战以后德国受协约国之拘束，不准训练士兵，政府计无所出竭力提倡体育，以竞赛运动为主要项目，无论男女受同样之训练，每日朝晚之间，在隐僻街道之上，往往见青年男女，相率练习赛跑。若竞赛果有流弊，以德国医学之精，器械之良，焉有不发见之理？如此则记者损害健康一语，足见未得确定之证据。吾国各体育家现以普及体育为共同之目标，所用教材岂仅竞赛运动一项而已。凡主张偏重竞赛运动者，大都为少数不明体育之徒耳，不足为体育家病也。此次全国体育会议所通过体育实施方案之中，有考成一节，其目的在查考学校、城市之全民体育成绩，即所以矫正少数人从事竞赛之缺点，与记者之意愿属相符。

二、费时问题

时间最贵之国家，莫如美国，一点钟之工作，平均可得美金一元以上。除工作时间以外，其余时间均用之于运动游戏上之消遣以休养精神。若据记者之意见，岂非浪费时间乎？其所以减少工作时间而从事运动游戏者，因人之精力有限，一人连续四小时之工作，其成绩反不如间以休息时间者为优。盖社会文化愈进，则余暇时间愈多，自然之理也。当次国难之际，凡属国民，多宜刻苦工作，自不待言，然工作之目的在求成绩之优良，而成绩之良否，并非与工作时间之长短为正比例，早有明证，毋须赘述。故欲求工作之优良，亦须行游戏运动以调节精神之疲倦，忘却工作之苦痛。

三、经济问题

不论何种体育活动，除体操，记者以刘长春君出席世界奥林匹克大会一事，即认竞赛运动为耗钱之铁证，未免失当。盖刘君此次之出席，含有政治之意味，设无“满洲国”派其出席之消息，决不多此一举。以偶然之事作立论之基础，其错误与闻人见氏之夭折，即认为运动竞赛有损健康之结论相同。

四、土体育却病延年

近代健康教育，十分发达，却病延年之功效，于以赖之。故却病延年之术，决非仅为身体之锻炼。记者之主张，求诸土体育之国术，言之凿凿，若有深意，未知何所据而云然，若专凭向来之传说，作为根据，吾未见其可。

据管见所及，今后国民体育之途径，将依下列两端而决定：

(一) 适应个性

个性一条件，教育上不可蔑视，罗素主张最力。体育上所用材料，须适儿童之个性，为不易之理。吾国民族自盘古有巢时代，巢居穴处，茹毛饮血，凡跑跳掷攀之本能，先民早已具备，数千年来已深入吾人之脑海。试观小学儿童课余之暇，群集操场，非跑即跳，先民活动之遗传复现今日儿童之活动中。记者所指为洋体育者，实皆先民活动之遗迹，何洋土之有？因同为人类，一切活动，与其本性相投合者，皆土而非洋也；反之，瑞典体操，德国体操，不合儿童本性，欧美儿童厌弃之，吾国儿童亦深恶之，对于欧美虽土亦洋，对于吾国则洋而又洋者也。是故运动之不适儿童个性者，提倡亦无益，然适合儿童个性者，禁止反不顺从，洋体育然，土体育亦然。

(二) 适应社会

个人之生命，寄托于社会，社会之盛衰强弱，与个人休戚相关，故个人有时亦须迁就社会。此次淞沪战争之中，大刀队奋身杀贼，国术救国之声，从此益高，其在体育上之地位或将从此益固。然近今国际战争，全赖科学，敌人苟用飞机大炮轰炸，大刀会即无所施其技，故今后欲适环境，为捍卫国家计，宜训练智勇兼备之士，养成跑，跳，奔，攀之技，然此端赖游戏，器械，田径运动等有此养成之，决非土体育单独所能奏效。

以上两端，前者为经，后者为权。经须常守，权可变通；弃经从权，徒劳无功。时间金钱，均难经济，与著者之宗旨或将背道而驰。迫于真义，不敢缄默，爰作此文，聊为矫正。

（原载《体育周报》1932 年第 1 卷第 33 期；又见于《大公报》1932 年 8 月 23 日，题为“大公报论《今后国民体育问题》书后”）

国民体育实施方案[①]

一、引言

凡欲解决一问题，须先认清问题自身之意义及范围，而后方能论及解决方法。体育二字之意义在各种不同时代不同社会中甚有出入，且一般人心目中之体育各有不同之见解。如不先将其意义阐明，范围划清率而规定其实施方案，不但着手之时无所适从，即实施之后，难免结果与始愿相违，至为危险。故于草定此方案之先，不得不将体育之意义及范围，略为申述之。

体育二字自常人视之，不过为身体之锻炼。第自生物学心理学发达以来，传统之心身二元说既不能存在，且近代教育之目的并非只为知识之供给，而为整个机体生活之训练，于是吾人始深切明了，体育之表面虽为大肌肉活动，但由此以引起生理上心理上之变动甚多，而为整个机体生活训练必不可少之方法。故体育之意义非仅身体之锻炼，乃从身体各种大肌肉活动中供给教育之机会之谓也。换言之，欲达到教育上之各种目标，身体活动乃为一主要之手段与方法。机体之发育与健康之促进，为身体活动必然之结果，体育不仅达此目的，尚有其他教育上之重要目标，如社会道德，基本生活技能，善用闲暇之方法，公民必具之态度与能力，无不能藉各种身体活动以训练而培养之。故体育与教育不能分之为二；所不同者，体育只以身体大肌肉活动，为达到教育目标之方法，而教育

① 为贯彻《国民体育法》，吴蕴瑞、袁敦礼和郝更生受托起草了《国民体育实施方案》，于 1932 年 8 月提交全国体育会议讨论通过后颁布，作为全国体育工作的依据在各级学校推行。

所采用达到其目标之方法，除体育尚有他种而已。因此，所有体育之设施，均须以能达到整个教育目的为标准，同时，凡非出身体大肌肉活动教育方法者，均不得谓之为体育也。为对于体育范围明确认识起见，以下数点不得不于此处说明之。

（一）体育与军事训练

军事训练之目的，为供给国民军事知识，训练国民御侮之能力，及培养国民之民族意识。现在各级学校之军事训练率皆注重步兵之操演，且因教练殊欠严格；不独真正军训之目的难达，即盲从命令不畏死之士兵亦不可得。欲达军事训练目的，而一方须力求科学与工业之发达，社会与经济之安宁与稳固；一方面除于国民相当年龄予以严格澈底军人生活之训练外，必须于无形之中多方培养民族意识，及御侮能力。学校之中各种学科，均须以此为目的，尤以历史，地理，公民等科为最有效。至于体育乃为供给国民充分发育之身体，勇敢机敏之精神，无形之中对于达到军事目的有重大之供献，自不待言。若认步兵之操演为体育，以之为军国民训练之主要方法，则谬误孰甚。故本方案，除对于军训有间接供献之体育自身的价值外，整个军训之各方面政府另有办法，无牵及之必要也。

（二）体育与卫生及健康教育

一般人因体育之能促进发育及健康，遂常认体育为卫生之一部，或以卫生为体育之一部，实则二者各有其范围不能混而为一也。从社会方面而言之，卫生为政府重要职权之一，包含医药之供给，环境之改良，疾病之预防，民众之卫生训练与开导等项之设施。从学校方面言之，健康为教育目的中最重要之一项，包含健康之保护与视察，环境卫生之设施，适当之卫生教学等项之设置。健康为生活之要素，而教育与实际生活有关。举凡一切学校内之活动与设施均不能无健康教育之意义及成分。体育既属学校内学科及活动之一，对于健康教育自有相当之供献。体育之必然结果为促进机体之发育与健康前已言之，此即其对于教育之最大供献。但除此必然之健康结果外，体育尚有其他对于教育之主要供献。况体育之组成分子纯为大肌肉活动，健康教育之组成分子所有学校之活动与教育均含有之。故体育与健康教育虽同属于教育范围内者，实则大有区别也。本方案只能于体育范围内立论，不涉及卫生及健康教育也。

（三）体育与劳动

体育既为大肌肉之活动于是常有人认为与劳动相仿佛，甚有主张以劳动代体育者。殊不知二者之目的及意义均不相同。劳动之目的为生产，体育之目的为教育。劳动之于儿童时有戕贼身体之害，故未成年及儿童不宜劳动，早为社会学家及教育家所公认。体育则为发育身体之唯一工具，若以有生产之劳动代替儿童之游戏与运动，其剥夺儿童发育与教育之机会，未有甚于此者也。劳动为成人之工作，体育则为娱乐。工作固为生活之必要，而适当之娱乐亦为生活之不可无。况体育所欲达到之各种教育目标如前述者，均非劳动之所能达。故主张以劳动代体育者，实过于崇信功利主义而忽略体育内之各种教育意义也。

（四）体育与童子军

童子军本为训练青年战争时充当斥候之技能，继渐发展成为有组织的多方的青年训练。其主要内容为予青年与自然界及社会实际接触之机会，以培养对人对物之种种生活技能与正当态度。其组织之方法则纯为学校课外活动，如以学校教室内所学者，于此课外设计中实习之。故童子军为一整个教育设计，另达其特殊之目标。体育不能代童子军，犹童子军之不能代体育也。至于童子军所练习之种种身体活动与技能测验，固非与体育无关，因其为整个之教育设计，自不能不采取许多体育活动与材料。但此种体育之活动与材料自应与学校体育课程有相当之联络，不待言矣。

（五）国术在体育上之地位

国术为我国民族固有之身体活动方法，一方面可以供给自卫之技能，一方面可作锻炼体格之工具。不独在民族史上有其固定之价值，即从近代科学如解剖生理等方面观察之，亦未可厚非。发扬之，研究之，实为今日之必要。但学术无国界，人类之天性，中外无不同。凡不背科学原则及能适合人类天性之种种体育活动，均应按照国内社会状况，一律提倡之，不应以其发源之地点不同而有所轩轾。故国术实为体育活动之一种，不能因其为我国所固有者而予以特殊之地位，以捐弃其他合乎科学及教育之体育活动也。另一方面言之，学术既无国界，则我国之国术固应力谋其在国术间之发展，不应以之为奇货可居。观乎日本之柔道，近且为欧美许多人士所学习，况我国国术之奥妙，远在其上乎！至于国内体育家，对于国术应加以深切之注意与研究，而国术家应对于近代体育及其基本之学科，亦须有相当之认识，此实为发扬及研究国术之必要途径。

二、目标

（一）供给国民机体充分发育之机会。

（二）训练国民随机运用身体以适应环境之能力。

（三）培养国民合作团结之精神。

（四）养成国民侠义勇敢之风尚。

（五）养成国民以运动及游戏为娱乐之习惯。

三、行政及设施

（一）行政及组织系统

全国各级教育机关应有体育行政组织如下：

1. 教育部

（1）全国体育委员会(应于第一次全国体育会议闭幕后三月内成立)。

（2）体育课。

（3）体育督学。

2. 各省教育厅及行政院直辖之市教育局

（1）省市体育委员会(按教育部通令后应既速成立)。

（2）体育股。

（3）体育督学。

3. 各县市教育局

（1）县市体育委员会(按教育厅通令后应即速成立)。

（2）体育组。

（3）体育指导员。

附件(作参考)：

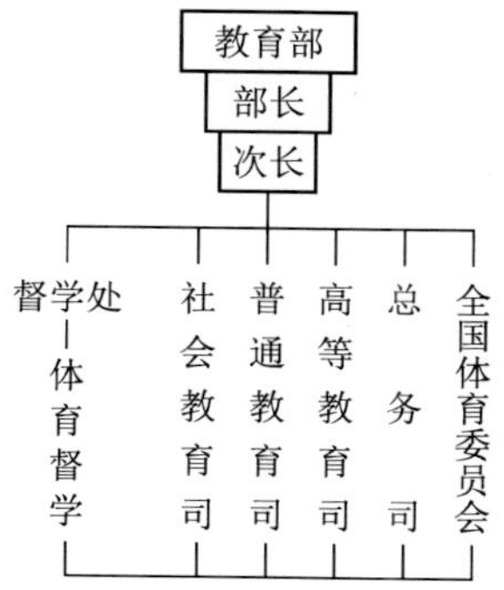

下列系统表为教育部不设体育之办法。凡全国体育委员会所定设计及计划等,由教育部长分发各司分头执行。

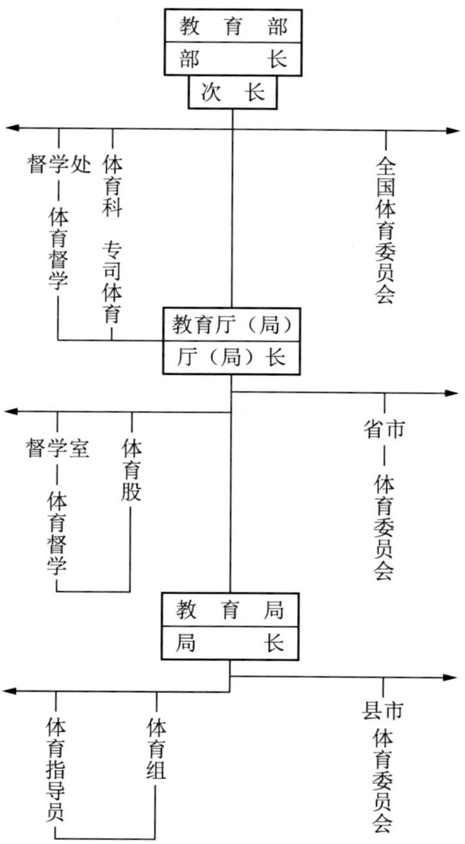

（二）设备

1. 学校体育设备

（1）场地　分球类、田径赛、器械、国术及游戏场等，其大小多寡，以能适合实施各级学校体育课程标准为度，并以每一学生至少能占空地一百方呎为标准。

（2）建筑　凡实施课程所必须之建筑，如体育馆、风雨操场、游泳池、体格检查室及医疗室等，均应量力建设。

（3）设置　凡课程及课外运动需要之固定及消耗设备，均应充分设置。

2. 体育场设备

（1）各省或行政院直辖市体育场之面积，至少须有八十亩，县体育场之面积，至少须有三十亩。各项运动场地建筑与设置，宜视全邑民众之兴趣及需要，充量建筑。简易体育场可酌量邻近民众之需要，而作比较简单之建设。

（2）儿童游乐园，以完全设置儿童游戏器械及用具为原则。

（三）经费

1. 各级学校之体育经费，除学生所缴纳之体育费外，至少须占全校经常费百分之三，但体育教职员之薪金及特殊之建筑，不在此限。

2. 各省市县体育场之经常费，至少应占各省市县社会教育经费百分之十，但建筑及固定设备费，不在此限。

四、关于推行方法部份

（一）研究工作

体育实施材料所采方法，所定标准，经研究之手续，方合于科学原则而切时宜。以故研究为推行体育之第一步工作，舍之不讲，有如盲人瞎马，恐将误入歧途。

1. 研究之机关，得有下列数种：

（1）设立中央体育研究所。

（2）文化基金会设体育讲座，助某大学体育系行研究工作。

（3）指定国内教育研究及实验机关添设研究体育部份，其经费由教部津贴之。

（4）选择模范式城镇及乡村为体育实验区。

（5）增设国术馆。

2. 研究事项

（1）一切学校有系统之体育课程标准，由教育部设置体育课程，标准委员会研究编制之。指定各学校施行实验，获得圆满结果后，再公布采用。

（2）各种标准：

① 体育考成之项目及标准。项目包括技能，体能测验等标准，由测验统计得之。

② 体格之标准。

（3）国术之原理，派别之异同，教学及比赛之方法，在体育之地位与价值，须由国术家及体育家共同研究，通盘计划。

（4）乡村体育。吾国民众乡居有百分之八十五，大都务农，有无余暇从事体育，何种活动合其口味，宜实地调查研究。

（5）工商体育。搜求适宜方法，使工友商伙受体育训练。

（6）游戏材料，收集民间旧有之体育活动，改良而提倡。采取外国之民众体育活动，使适合中国环境，变通利用之。

（7）女子运动范围。

（8）其他。

（二）师资训练

1. 训练机关

（1）大学及高中教师，体育行政人员及体育场指导员。

① 国立体育学院(利用中央体育场)。

② 各大学及已立案之私立大学酌设体育系。

(2) 初中及小学师资,县体育场服务人员及低级体育行政人员。

① 高中师范或师范学校设体育科。第一学年同普通科;第二学年起,专习体育学术功课。课程另订之。

② 省立体育专科学校。

2. 训练课程

体育课程本身及其关系之学科,项目繁多,兹择其必要者列后,并表明其占全课程中之百分比,以资参考。关于师范学校之体育科课程,可择其必须者教授之:

(1) 生物学科　包括解剖,生理,卫生,救急,按摩,健康检查,运动生理等科目,占百分之十九。

(2) 教育学科　包括教育概论,教育心理,教育法,教育行政,教育哲学,健康教育,警探教原等科目,占百分之十五。

(3) 体育理论　包括体育原理,游戏原理,体育行政,体育教学法,小学教材,机动学,体育史,民众体育等科目,占百分之二十。

(4) 术科　占百分之二十一。

(5) 文化学科及选课　占百分之二十五。

3. 进修办法

(1) 利用暑假设暑期学校,暑期讲习所及暑期补习班。

(2) 派送外国考察及留学。

① 按期选送体育界服务多年成绩优良者赴各国实地考察及研究。

② 各省保送留学时,应慎选学术兼优体育人员,分遣国外留学。

③ 教育部及各省举行留学考试时,应列体育名额。

五、实施办法

(一) 学校体育

1. 大学教育学院,高中师范及乡村师范,增设体育必修科目,以培养助理课外运动之能力。

2. 体育课程(国术在内)

（1）大学　大学体育课程标准，在未经颁布以前，应由各校自定细目试行，每星期二小时，不及格者，不得升级或毕业。

（2）中小学及师范学校　照教育部暂行课程标准办理，不及格者不得升级或毕业。

3. 体育教材（国术在内）由教育部设置体育教材编辑委员会编辑之。

4. 教师资格

（1）大学及高中　体育教师由国内外大学得学位者充任之。

（2）初中及小学　体育教师由省立体育专科学校高中师范，或师范学校体育科毕业者充任之。

5. 教师待遇

（1）奖励体育发明家及规定养老及抚恤条例，通令全国通行。

（2）各级学校早操课外运动，现定薪给标准与正课同样计算。

（二）民众体育

1. 省市县立体育场事业进行办法

（1）日常指导工作，宜订定时间，既易训练，又便管理（参阅附表）。

（2）对于儿童，宜按规定时间集合，作团体之活动，如徒手游戏，器械游戏，唱歌，舞蹈，讲故事等。

（3）对于妇女宜按时集合，作有规律之田径赛，球戏，器械，柔软操等训练。

（4）对于成人，宜就本场活动种类按时集合指导，或临时加以组织，互相比赛，或分别指示健身之术，可以自动练习。

（5）每日指导工作完毕后，宜将是日所施教法及材料，择要记录，以供研究，及确定其工作之最有效方法何在。

（6）对于田径赛，球类等竞技运动，宜按不同之时季，每年至少举行公开比赛一次。其能分别程度及资格举行者尤佳。他如儿童健康比赛、姿势比赛等有关体育者，亦当多多举行，以事实作宣传。

（7）对于民众，尤其农、工、商界，应随时随地利用机会，用种种宣传方法，引起其兴趣及注意,藉以激励其对于体育之好尚。

(8) 随时组织各种集团,如郊游团、游猎团、野餐团、步行团等,以增进社会闲暇生活之兴趣。

(9) 征集民众对于运动项目之意见,调查来场运动者之个人历史及社会体育进步之状况,以作研究改进之参考。

(10) 联络及襄助本地其他体育团体或学校,张大活动之效率(以上省、市、各县立体育场事业共同之点)。

(11) 研究及实验切合于社会需要之新体育事业。

(12) 指导及辅助县体育场事业进行(以上省立公共体育场之特殊工作)。

附:公共体育场每周工作时间表

时间 星期	上　午	下　午			
	九至十二时	一至二时	二至三时	三至四时	四至五时
二	办理场务 整理统计 准备宣传品 计划特办事 调研报告 编辑刊物 对分联络	柔软操乒乓	球类游戏 (成人)	田径赛器械(成人)	儿童游戏 妇女运动
三		同　上	同　上	同　上	同　上
四		同　上	同　上	同　上	同　上
五		同　上	同　上	同　上	同　上
六		同　上	比赛或表演	比赛或表演	同　上
日	演讲及自由活动	同　上	同　上	同　上	同　上

(注)本表时间之支配,系属假定,若因四季气候不同,宜加以修订,而当地民众对于各项运动之好尚,决非一致,故亦当其视需要,酌量增减其活动时间,如最初试行时,特加注意,必能随时觅得适当之支配方法也。本标准由教育部核准施行之。

2. 办理体育实验区,推广民众体育

(1) 各省市从二十一年度起,须办体育实验区一所。时期暂定为两年(在何县举办由教育厅指定)。

(2) 从二十三年度起,实验区所暂行的办法普及到各省市县,同时即普及到全国。

(3) 在实验时期的两年内,其行政人员如下:

① 教育厅特聘专家一人。

② 县教育局体育指导一人。

③ 民众教育馆、农民教育馆特派干事一人。

④ 公安局卫生警察若干人。

⑤ 聘任干事二人至三人。

⑥ 特约区教师一人。

<table>
<tr><td rowspan="4">教育部社会教育司—教育厅第三科—区主任—</td><td>体育股</td><td rowspan="4">—各股干事及助理人员等</td></tr>
<tr><td>保健股</td></tr>
<tr><td>宣传股</td></tr>
<tr><td>总务股</td></tr>
</table>

（4）职员薪金仅聘任干事、特约医师由实验区供给，其余各职员均由原有机关支给。

（5）常年经费在实验时期内，由教育厅设发。两年普及后，由教育局支给，并列入预算。

（6）实验区行政系统。

（7）实验区区址可设在体育场内。

（8）实验区事业：

① 每年举办民众业余运动会二次至四次。

② 举办各种球类比赛。

③ 组织国术班（如中华新武术，导凡合科学方法，体育原理者均可采用）。

④ 组织各种健身团（如商人早晨有空暇，则组织商人早操班等）。

⑤ 巡回体育与国术指导。

⑥ 每年分别举行各种健康比赛　成年男子健康比赛，成年妇女健康比赛，儿童健康比赛。

⑦ 体育演讲。

⑧ 体育壁报。

⑨ 体育展览会。

⑩ 体育出版物。

(9) 各省市县体育场场长与指导员,必须为大学体育系、体育专科学校或高中师范体育科毕业生之有相当程度者。

3. 各种集会

(1) 全国运动会每两年举行一次,由全国体育委员会指定,在各省市轮流举行。

(2) 各省市运动会每年举行一次,其办法由各省市教育厅、局、体育委员会决定之。

(3) 各级学校每年开运动会一次。

附注:

① 各种运动会举行时应加国术一项。

② 参加各级运动会之运动员先须经过学业,品行,年龄,体格及业余之审查。其标准及办法,由全国体育委员会研究规定之。

(4) 条例

① 各种运动联合会之组织无论为临时的或固定的,均须具以下之标准于主管教育机关备案:

a. 目的纯正及纯为业余性质者。

b. 比赛须有适当年龄性别之分级。

c. 负责主办人员须在体育界服务二年以上有相当成绩者。

d. 加入之单位确系代表教育或职业机关非以运动为职业及无妨碍业余精神者。

e. 有确定经费而不以门票之收入为维持费者。

② 上项备案之团体继续办理三年,经主管教育机关审查,认为有相当之成绩者,得予以精神及物质上之援助。如备案后遇有违背上项之规定者,得设法取缔之。取缔方法视情节之轻重,分别办理之。

③ 各种观摩技术之团体须有具以下资格,在主管教育机关备案:

a. 会员均有正当职业而非以运动为职业者。

b. 有体育专家担任指导者。

c. 加入各种比赛或运动，不以门票收入为维持及分摊于会员者。

d. 会员入会只有纳费之义务，而无物质权利之享受者。

④ 上项团体备案后，有特殊成绩时，得予以相当之奖励，如有违背上项规定之标准者，即取消其团体及其全体会员之业余资格。

⑤ a、b 两项未在主管教育机关备案者，不得参与教育机关及已团体备案所在主办之各种集会及比赛。

⑥ 凡以研究体育学术为目的之组织，确有成绩者，得以学术团体办法，在教育主管机关立案，并得予以相当之津贴。

⑦ 凡无在任何体育组织之区域，主管教育机关应召集体育界人士提倡组织之。

⑧ 凡经备案之各种团体遇有参加国际间之集会或运动会时，得先期呈报主管教育机关审核，酌量辅助之。

⑨ 各种团体不得以团体名义参加政治活动。

4. 考成方法

体育之考成与运动会有相反之地位。运动会考个人之成绩，只足以促个人成绩之进步，以之为评判学校与民众整个体育之标准，实是错误。即以之为提倡之工具，以期学校与民众体育之普及，犹为缘木求鱼。反之，体育考成，所以考查学校或城市全民众之体育成绩，可以督促多数民众体育之进步，以之为品定学校或城市体育之手段，十分可靠。

（1）考成委员会

① 全国体育考成工作由全体育委员会主持之。

a. 考查国内各国立大学及立案之私立大学之体育，品定其先后而揭晓之。

b. 品定各省之体育成绩而揭晓之。

② 各省市体育考成工作由各省体育委员会主持之。

a. 考查全省立中学师范及职业学校之体育成绩，报告教育厅。

b. 考查省立高初中师范及职业学校毕业生之体育成绩。

c. 考查省立各城之民众体育,报告考试及格与参加者之成绩与人数于教育厅。

③ 各县市体育考成工作由各县市教育局或邻近各县之体育委员会主持之。

a. 考查本县内县立中小学之体育成绩,品定其次序而揭晓之,并将中学之成绩报告教育厅。

b. 考查县内高初中师范及职业学校毕业班学生之体育成绩。

c. 考查本县内民众体育之成绩报告教育厅。

(2) 考成项目由中央体育研究所研究规定之。

(3) 考成之标准由中央体育研究所研究规定之。

(4) 考成之种类:

① 各级学生毕业考试

a. 小学　根据小学体育标准,不及格不得毕业。

b. 中学师范及职业学校　根据中学体育毕业标准,不及格者不得毕业。

c. 大学　根据大学体育毕业标准,不及格者不得毕业。

② 学校体育成绩考试

a. 小学　由县市体育考成委员会执行之。

b. 中学师范及职业学校　由省或县市体育委员会执行,报告教育厅,由教育厅品定揭晓之。

c. 大学　由所在省之体育委员会执行考试,报告教育部,由教育部品定揭晓之。

③ 各级各类考试均须以体育为必试科目。

六、分年实施计划

本方案所罗列之体育设施及推行办法,在我国现状之下,自非咄嗟可办,故须视经济人才及地方情形,分期实现之。兹特草拟一分期施行计划,以供主管机关之参考。

（一）第一年应施行者为：

1. 中央及各地方行政组织之完成。
2. 城市各级学校经常费，须按所订标准实行。
3. 各大城市设立体育场。
4. 国立研究所成立开始研究。
5. 颁布人才养成之详细课程及标准。
6. 筹备及办理暑期学校。
7. 颁布体育团体备案及奖励办法，并实际施行之。
8. 各省酌设体育留学额。
9. 各级学校酌量增加体育设备。
10. 重令规定各级学校以体育为必修科，不及格者不得升级或毕业。
11. 重令规定各级学校以体育为必修科，不及格者不得毕业。
12. 各省得试办成绩考查办法。

（二）第三年内应完成者为：

1. 各种研究工作应有相当结果报告，及设法推行。
2. 各县设立民众体育场。
3. 各级学校体育设备须达到本方案所规定之三分之二。
4. 由中央遣派体育专家数人任赴各国研究调查一次，期限一年。
5. 各大城镇办理成绩考查。

（三）第五年内应完成者为：

1. 各乡村体育场。
2. 各级学校体育设备，达到本方案之标准。
3. 全国办理成绩考查。
4. 研究工作，应有相当结果。

以上之计划应由中央体育委员会督促实现。五年期满，应召集第二次全国体育会议规定以后之实施方法。今兹所拟者，时效不能长于五年也。

（第一次全国体育会议全体男女会员于开幕时合影）

（原载天津《体育周报》1932 年第 31 期）

吾国体育不振之原因

吾国体育之不振，夫人而知之矣。考其原因，有远有近，有纵有横，总而括之，当不出以下数端。

一、历代政治之影响

吾国民族，古代不弱，皇帝擒蚩尤，舜杀王苗，宣王败玁狁，征淮夷徐戎。至春秋战国之际，诸侯相竞，争设武备，故军事体育，一时极盛。当时蛮夷滑夏，知非尚武不能图存，故当时之角牴剑术，一时极为发达。及秦政并六国，堕名城，杀豪俊，收天下之兵而聚诸咸阳，销锋镝以弱天下之民，民气为之摧残，民力为之削伐，体育之不振，自此始矣。汉高祖以马上得天下，不愿以马上失之，从子房之言，以清静治天下，经曹参陈平之赞助，提倡文治，重武轻文之空气，一转而为重文轻武。后武帝用董仲舒之策，宗尚儒术，重文轻武之风为之根深蒂固。下及有明，太祖定制义取士之策，使天下有为之士，精神消磨于无用文字之中，而绝匹夫起争天下之心，十三君之间，内乱仅起于宗室（如武宗时代宸濠），不可无效矣。然终因人民文弱，土木之变，英宗被掳，自成入京，群臣非逃即降。思宗自殉之日，鸣钟台臣，内侍竟少响应，天朝无力驱贼，乞师异族，引狼入室，而神州因以陆沉。满清本尚武功，习骑射，练刀石，入关之后，受中国文化之浸淫，厌武修文，用朱洪武之旧策，以制义取士，三百年来，士风文弱，民气消沉，终致数十年来，受列强之侵凌，而全国无御侮之能力。

二、思想之影响

吾国之甲午战争之后，外面丧师辱国，国耻重重，内而军阀专横，民生倒悬。在此国势之下，民众若有德国人民之知识程度，有德人及刚强之意志，雄健之体格者，未有不云集响应，群起而从体育方面营救国运动者(如德国之杨氏 Friederich Ludwig Jahn)。然而吾国三十年来，寂寂无闻。今虽有一二党国要人，攘臂奋舌，起而提倡体育，而学校校长，社会人士，热心提倡者固亦有之，但专事敷衍，专讲表面者，车载斗量。考其原因，不外受历代传统哲学思想之影响，其中最重要者为儒，释，道之派。

(一) 儒家之影响

儒家重礼教，以雍容揖让为优雅，尚文志，重王轻霸。昔子路陈治弱国之策，曰："千乘之国，摄乎大国之间，加之以师旅，因之以饥馑，由也为之，比及三年，可使有勇，且知方也。"而夫子哂之。"又南宫适问于孔子曰，弈善射，傲荡舟，俱不得其死然，禹稷躬稼而有天下。"孔子称之谓君子，人称之为尚德之人。孔子之重文轻武，于此可见。孔子主张尊王，历代君主皆尊孔，以维持其地位。吾国各朝知识分子，莫不受其哲学之灌注，遗教之熏陶。今之熟读诗书之徒，仍抱定其原来之态度而不改，实为体育发达之障碍。

(二) 释家之影响

佛家之主张，重来世，轻肉体，禁杀生，食蔬菜，今日所谓之体育与卫生，皆为释家所陋视。佛入中国，始于汉(明帝时)至唐(宪宗)则极盛，迄今已近二千余年矣。其道之入人之深，流传之广，与儒相当，实亦为体育发达之障碍。

(三) 道家之影响

道家尚清净无为，葆精惜气，不使劳瘁。体育活动，适为道家所反对。昔西晋士大夫崇尚黄老，麈清谈，卒致宫门有荆赖之叹，新亭生风景之悲。足见道家之误国，在其主张之与体育有抵触也。

三、认识错误

是项可分两端：

（一）对于教育观点之错误

自心身问题，相当之解决后，个体方面不能将身心分为二，一人之教育，既不能分何者为精神之教育，何者为知识之教育，何者为身体之教育。一种教育，专顾一方面而忽略其他两方面者，不得为完全之教育。今之为家长、为学校校长而明此旨者，固亦不少，而以教育为专限于知识方面者，实繁有徒。一青年之学科成绩平均过八十分者，称之为好学生，佳子弟，师长称之，父母爱之，邻里乡党敬之。至于身体之羸弱，精神之萎靡，不加注意。对于教育之认识错误，亦为阻碍体育发展之一因。

（二）对于体育认识之错误

体育之有益于身心，可以生物、生理、心理诸科学证明，无容怀疑者，但以运动为伤身之举动，根据身体发肤受之父母，不敢毁伤之旧见，明体育而摈弃之。今代人士，抱此态度者至多。此实为阻碍体育发达之主因。

四、风俗所尚之影响

古代希腊男子以身体之充分发达者为美，而吾国以举动文雅之白面书生为美。欧美习俗，女子胸臀两部发达，为富有曲线者为美。而中国则以长腰细颈，弱不胜衣者为美。古代希腊与今之欧美风尚，适于吾国之旧俗相反，故彼则于体育之发展有助，而我则适所以削伐之也。

以上四端，为吾国体育不振之远因与深因，尚有以下诸点，则为其近因与暂因：

五、教师训练之有缺点

吾国旧俗，本重文轻武，能文能研究科学者，往往不愿投考体育科系，而投考体育科系者，往往对于文字科学毫无兴味，加以合格之学校少，营利之学校多，入学之程度不严加考查，求学期短，训练不足，故有无数体育教师，不为他人重视，有何见议，有何主张，不为他人赞同，办事困难，难谋事业发展。甚有因资格少差，敷衍学生，迁就校长，不谋体育发展，此亦近来体育进步迟缓之一因。

六、经济困难

欲体育发达，亦首须有场地，次须有设备。学校无运动场，无充分之设备者，谈不到学校体育。城市无运动场、无公园者，谈不到民众体育，教育部厅局，不设体育督学与视察员者，谈不到体育行政。吾国现况，学校缺设备，城市少运动场，教育行政机关无体育办事人员，皆受经济之影响，此为体育不能振之暂因。

体育不振之原因尚多，以上诸端，其最著者耳，今者国民政府成立，政治之影响已消除，唯思想尚待变转，对于教育之认识，尚待改正，风俗与习惯，须谋改易，教师之训练，急待纠正，经济之困难，急望救济，振兴体育之道，其在斯欤？

（原载《勤奋体育月报》1933 年第 1 卷第 1 期）

吾国民族复兴中女子体育之重要

自国民革命以来，鼓吹民族复兴之声，甚嚣尘上。然而，民族复兴，往往指民族文化之复兴、民族经济之复兴及民族自卫力量之复兴，而不知尚有基本之民族体格之复兴一端在也。欲讲民族体格之复兴，固不外提倡体育，欲提倡体育，尤须注意女子之体育。何则？吾国提倡体育数十年，大概偏重男子，忽略女子，欲谋男女体育平均发达，不得不多注意女子体育，此其一；吾国女子缠足之风，流行已数百年之久，女子之身体受摧残也久矣，以行动之不便，未得操练之机会，已数十代矣，故欲谋女子身体恢复其祖先强健之状况，不得不多注意女子体育，此其二。此二者为表面而笼统之理由，吾更将今后女子对国家、对民族应负之责任而分析之，则觉女子体育之重要，有出人意想之外者。女子对家之责任为治理家事，对国之责任为助长生产，国际间遇有不测之事件发生，助理军事后方工作，对民族之责任，为生育强健之小国民。此数责任之负担而欲期有贡献于家、于国、于民族者，端赖体育。兹逐条分析而详述于下。

一、对于治家方面，女子体育之重要

女子对家庭之责任，一曰中馈之职，一曰整理清洁。前者一日三餐，操作之劳，已觉不胜其烦。后者在三餐之余，洒扫整顿，易致神疲体倦。凡身体脆弱者必不胜其任矣。作者六年前在德国考察时，见德国民众家庭之清洁，可为世界冠，午后日光西斜之时，辄为主妇扫除庭园之顷，每见持刷提水，灌洗阶阈者，随处能见之。无他，德国风俗好尚清洁，一方亦未始非身体强，堪胜此任为之也。夫富有之家，家庭间整洁工作，可委诸婢仆。然一国之中，贫者多而富者少，不能谓以其贫而不食不住也。故体育对于治理一般家庭方面而论，极关重要。

二、对于生育与抚养子女方面，女子体育之重要

有健全之父母，然后有健全之子女，人类为生物之一种。子女犹芋之苗，苗生于芋母，母之枝叶矮小而枯槁者，其苗必细小而少。无他，苗由母体细胞分裂而来，其所谓潜伏资源与母体内者相等，并不能因新生而有所增加也。母子身体之关系若是，故复兴民族之体格，女子体育不能不讲究。

三、对于襄助生产方面，女子体育之重要

所谓生产者，非从事农工，即从事劳工或制造工。农工须力强，制造须机巧。力与机巧皆为体育之产品，并非由生长而来，据 George 及 Dawson 二氏研究之结果，知体育可以增加工作之效能，可由以下测验结果而知：

（一）感觉之灵敏：有体育训练者，食指感觉之灵敏，高出无体育训练者百分之二十五。

（二）运动感觉：关于位置者，高于百分之十五，关于重量者高出百分之四十五。

（三）视觉、听觉及触觉：有体育训练者，视觉高出百分之二十二，触觉高出百分之十二，听觉高出百分之八。

（四）动作之快速程度：有训练者，每分钟做三百七十九，寻常人做三百五十二，多出百分之八。

由以上四种结果而推论，可以知有体育训练者，莫不高出相当之数。设以同样之时间，做同样之工作，则有体育训练者，快而工作量大。吾国工厂家，以每日所做件数之多少，定工资之多少。故对个人利益而言，有体育训练者，得工资多；对国家生产而言，则生产多也。故讲生产教育者，不可不兼顾体育，女子占一国人口之半，欲一国生产能力增高，又不得不讲女子体育。

四、国难中对于为国服务方面，女子体育之重要

大战之中，德国男丁死数百万，大战之后，街头巷边，孀妇充斥，当时即觉女子不能助战，为之是。同时受协约国之限制，不能设置军备，乃竭力提倡体育，其用意在以后国难再起时，男女可以同上战场，男子临阵，女子任看护及后方工作。此种特殊工作，须有负荷跑跳等技能，非平素有体育训练者，决不能胜任也。吾国国难日急，非有极大之牺牲，不能复仇雪耻，此种重大牺牲，非准备男女同赴之精神不可，故女子体育在不得不发达之列。

据以上四端，则觉今后女子体育十分重要，当望办女子教育者三注意焉。

（原载《体育杂志》1935 年第 1 卷第 1 期）

论总锦标

总锦标产生于运动会，欲论其利弊得失，须先论运动会之利弊得失。运动会之举行，并非为运动之本身，乃为提倡体育，藉之以施行鼓励督促之手段耳。若一国家一城市之体育早臻普及，虽不开运动会，亦不得谓之体育不发达。运动会纯系一种手段并非目的，其在体育上之地位可知矣。总锦标为手段中之手段，其在体育上之地位更可知矣。虽然此仅就其梗概言之，若详细分析，则尚有许多不合理之处，兹分陈于下。

一、总锦标足以加强地域观念

总锦标与个人锦标有别，前者属团体，后者属个人。从表面观之，属个人者，不若团体之有价值，实则属个人者，其荣辱毁誉属个人，其鼓励督促之力及乎个人，足以引起一般青年之兴趣；属团体者，其荣辱毁誉属一团体，其鼓励督促之影响及于办理体育之人多，及于一般青年也少，其结果为办理地方体育者增光，运动员不过为其工具耳。须知提倡体育，在鼓励一般下层之青年，并非上层之地方体育行政人员，故总锦标之对于提倡方面，实有未尽妥当之处。彼之以锦标为提倡之工具者，实未明此理也。运动会之最大者，当首推世界运动会，然未尝采用总锦标之办法，其始作俑者，为远东运动会。该会名虽联络国际感情，实则专为发扬一国体育之光，是使国民对国家观念更深。根据以国家为本位之教育原则，此种办法，亦不得谓之为恶。盖世界之潮流，以及国家之需要使然也。倘不辨其是非，不分黑白，一国内之全运会亦采用之，则觉有不少不妥之处。盖一国欲臻强盛，首须内部统一，欲内部统一，须破除地域观念、封建思想。彼总锦标既以一地方为被奖之单位，显是加强地域观念，封建思想，在十分统一之国家，如德、如美，尚少采用，况尚未十分统一之吾国，如何可盲目用之而不觉悟耶？

二、总锦标少培养人格、陶冶品性之力量

今之主张采用总锦标者，每曰运动会足以培养人格，陶冶品性，并能训练自制、奋斗、牺牲、合作等精神。争之机会愈多，训练与陶冶之机会亦愈多。不知此就其积极方面而言，而此良好之结果岂易得哉？必也学风纯洁，社会环境良好，裁判员严明，裁判公正，各单位领队人员晓明体育宗旨及运动会目的，且名誉之心淡，而好胜之心薄，乃能有济。反之，学风堕落，社会环境恶劣，裁判员无能，领队人员不明体育宗旨及运动会目的，且好胜之心盛，名誉之心切，则运动会无异争名之朝，争利之市。运动员将以欺骗取巧为得计，领队人员将以争得地位为光荣，运动道德将从之破坏净尽，运动会岂非洪水猛兽，运动会足以养成美德，亦足以养成恶德，其危险性有如是者。倘加以总锦标，则其危险性更大。何也？夫个人锦标，荣辱毁誉属个人，其争也不过在个人之间耳；至于总锦标，则荣辱毁誉属团体，使运动会而健全也则已，否则，团体之争，解决困难。民国十九年间，第四届全运会中，辽宁与广东之争，谅体育界同人尚能忆及。故全运会之设总锦标，不啻启争夺之机会，当此体育未臻普及，体育宗旨未尽人明了之际，何必多此一举。或谓全国运动会组织严密，裁判员聘请得人，裁判公正，宣传运动会之宗旨普遍，即设有总锦标，亦不致发生争执。不知运动会之目的，并非专为产生锦标，费全会之精神，尽全体人员之心，而仅仅使争端之消灭。则其心力不用之于积极之工作，而消耗于消极之争端之防止，可谓失其价值。据作者之意见，吾国运动会之目的，一方在引起国人注意，同时又固在考核运动成绩；一方应注意提高成绩，与世界抗衡。故与其设总锦标，无宁鼓励打破纪录，培养出席世界运动会人才。若设总锦标，则国人之注意力移至于此，反将打破纪录之事抛弃，岂非轻其所重，而重其所轻乎。

三、因总锦标而运动本身之兴味消失

运动本身本富于兴味训练中，成绩之进步，运动后身体之舒适，体魄之增强，比赛中种种之兴味，均使人有乐在其中之感觉，犹调和五味配置材料然。运动本身实属鸡，虾，麻菇，味美不赖他助，倘混以蔬芋之属，则蔬芋之味显，而鸡，虾，麻菇之美味夺烹饪然，运动亦然。活动本身犹鸡，虾，麻菇也，奖品锦标犹蔬芋也。奖品重，锦标大，犹烹饪中之多置蔬芋而轻鲜品也。是故运动会奖品不可太大而太多，大且多，则运动本身之兴味消失，况总锦标乎？沿旧习始终不改，则运动将为锦标而运动，无锦标，则将视运动为敝屣矣，大悖提倡体育之宗旨。

四、总锦标之管理难

夫全国运动会，既主张有总锦标，则其果由何法而产生乎？有人主张，各项运动之得第一名多者，得总锦标。从表面观之，觉极简单，细研究之，实有未尽当之处。夫总锦标之设，宗旨既为提倡体育，提倡各项运动之普及，其奖励之用意，在使各项运动能平均发达，故一单位之对于各项运动，均有优良成绩者，方有得总锦标之资格。若令得多数第一之单位得之，则希得锦标者，只将有希望之项目提倡可矣，其他可不问也。所提倡之项目数，只求能超过全运会总项目数之半数可矣，其他可不顾也。吾国地处温带，除冬季运之外，各地无项不宜，专习其所长而舍其所短，事实上为不可能，而亦不合理也。故总锦标只评定，应取分数制，方得为公平。虽然各项运动之锦标，除田径运动之外，分数极难计算。若谓各种球类运动，第一得四分，第二得三分，第三得两分，第四得一分，亦无不可。然球类除循环制之外，淘汰制即无良法，以分别第二以下各名次。循环制比赛次数太多，事实上为不可行，淘汰制既不公平又不合理，故本界球类运动排定比赛程序之前，先由品定委员会，将全国各球戏最优之八队选出，排比赛程序时，将八队分开，此种不得已之办法，虽实际上较为合理，而手续之烦、办理之难，可谓极矣。因设总锦标而增办理体育者之困难，若真有价值，则亦不妨为之，若一无价值则徒耗精神耳，何足取哉。

综合以上四端，总锦标之设，无多大价值，徒启纷争之端，增办事之困难耳。吾望今后之主持全运会者亦然取消之也。

（原载《体育季刊》1935年第1卷第3期）

运动选手制与运动总锦标

一、引言

凡事有利必有弊，利多而弊少者行之。选手制与总锦标于提倡体育，施行鼓励方面，不可谓之为无价值，然而流弊所及，议论兹多。关于总锦标问题，吾于全国体协会体育季刊一卷三期，业为专文，一度论及矣。兹所欲言者，即选手制与运动总锦标，盖此问题，现正为多数人所注意，而当兹体育大众化之呼声中，尤以探讨必要者，勤奋主人，索稿于予，略以所感，公之于体育同志焉。

二、选手制之利弊

论选手制与运动总锦标，须先讨论两者之利弊。考选手制之产生，乃系聚一单位一团体之优秀之精华，谓此乃代表该单位该团体之精神之成绩。一单位一团体与各单位各团体比赛，表演精彩，成绩优良，号召各地之观众，引起剧烈之竞争，竞争愈浓，兴趣愈大，直接间接于无形上推进体育。而动作姿势，足可作一般后进运动员之示范，俾其于技术上有所取法。凡上种种，均选手制之优点也，然而其弊害之显明者，各学校为争一时之光荣，甚且优待运动员，以运动员作广告，进而至体育教师服务生命，亦因选手之拥护与否为隆替。近已有人为文，讥之为马戏客与虎豹犀象，叫化子与狗（见复兴月刊《体育与国防》一文），此诚吾体育界伤心之事也。因其优待，故重于技术之锻炼，忽于学业之灌注，日常管理，学校规则，不无宽容，以此常引起一班不好运动者之反感。因其重形势，作广告之宣传，于是免费用，暗拉拢，无形上使运动员养尊处优，形成特殊阶级，致年少气盛之选手，目空一切，流风所及，物议沸腾，此选手制兴而运动界之光荣坠，美德变为恶德矣。

三、总锦标之弊

运动会为提倡体育，施行鼓励与督促之手段，而总锦标尤为手段中之手段，在体育意义上，除引起渺小之各个团体、单位竞争精神，暨狭义之团结对外情感外，殊无地位之可言。世界运动会未尝采用总锦标，先哲业早顾及此点。吾国全运会采远东运会之法而行之，其弊在使地域观念、封建思想，日臻强。夫吾国频年内争，正苦团结不一致，政令不统一，派别系统，不能消灭，地域观念，未得铲除净尽，设置总锦标，不过徒起无谓之纷扰争执而已。此总锦标之不能施行于吾国一也。方今全国人民正患自私自利，见小利忘大义，昧于大势，不顾公众利益之大病，总锦标之设置，徒奖励一单位一团体，使单位团体贪多务远，外煊赫而内空虚，使多而不精，于运动技能不能达最高点，于成绩方面尤难收最大效益。一单位一团体于每一项目、每一锦标均经获得，而无良好之成绩，虽得总锦标，于体育何补？吾国体育之不能跃登国际舞台，未始非多而不精，尽美未尽善之故也。与其设总锦标，无宁鼓励打破纪录，培养专门优异之人材，俾于国际舞台上有所表扬，辅助吾国在国际政治上之地位。此总锦标之不能施行于吾国二也。现时一般运动员对于运动目标，殊觉趋向错误，忘去为增强体魄，乃本运动。而运动之本旨，一往向前，谬误不改，则运动将演成为锦标而运动，不特运动本身之兴味消失，且亦大悖提倡体育之宗旨。此总锦标之不能施行于吾国三也。以吾国近年来之情况论，设置总锦标，乃徒增办理之困难，且无合理而公允之单位为争总锦标，而溢出比赛外之纠纷，新闻纸上累载不鲜。此总锦标之不能施行于吾国四也。基于以上四种原因，按照利多而弊少者则行之，利少而弊多者则改之之原则，总锦标殊有废除之必要也。推溯总锦标之设置，远东运动会为其始作俑者，然考远运会名，虽联络国际感情，实则专为发扬一国体育光荣，使国民对国家观念更加浓厚。当此世界未大同前，民族思想，汹涌澎湃，根据国家为本位之教育原则，此种办法，不得谓之为恶，然若昧于国家之需要，不辨是非，不分黑白，于国内亦施行总锦标制，则不啻误投虎狼之药，又岂仅违反教育原则而已哉？故曰总锦标之于国内，实利少而弊多，殊无设置之价值也。

四、结论

夫总锦标施行于吾国价值若此，而选手制利益渺小复如彼，以选手作争总锦标，权衡轻重，两弊相合，其弊更大，吾人夫何取乎？课务纷繁，偷空略抒所见，以就正于关心吾国体育前途之士，私意竭愿此问题，有以引起多数人士之注意，而探讨之、更改之，则实吾国体育前途之幸也。

（原载《勤奋体育月报》1935年第3卷第1期）

强健身体之方法

一、身体强健之意义

在讲强健身体的方法以前，先要解释身体强健的意义。因为意义和方法有联带的关系，意义不同，方法也就不同了。寻常所谓强健，不外两种意义：第一点是属于消极方面，就是身体没有病，各种器官多在正常状态之中；第二点是属于积极方面，就是一人胃口好，睡得着，身体有力量，做事有精神，不易疲劳而且觉得愉快。从这两点看来，第一点实在就是健康，第二点就是身体发达。所谓身体强健的意思，就不外这两方面。

二、强健身体之方法

上节既然把强健的意思分成健康和发达两种，则强健身体的方法就这两方面着想就是了。

第一点，积极强身的方法，就是讲究体育。体育的功用不是专为强身，但要强身须讲究体育，实行操练。从事运动，操练或运动的时候，非用身体运动身体，就是身体运动物件。例如，体操及器械运动是身体运动身体，球类运动是身体运动物件。两种运动都要用力量，因为用力量，肌肉本身应运动或操练的要求，就增加纤维的数目，于是肌肉发达了，力量也就变大了。又因运动的时候，身体肌肉里起化学的作用，就是身体里的养料（属于炭水化物之食物）和养气化合，运动愈多，用的养料和养气愈多。人们常常从事运动，则吸收养料的器官如消化器，吸养气的器官如呼吸器，都发达了，输送养气和运送养料的器官如循环器官也就发达了。又运动之后，发生许多废料，如尿素炭酸气等，不得不由一种器官专做运去的工作，所以排泄器官也从此发达了。此外，运动的时候，因运用肌肉，肌肉的活动受神经的管理，运动愈复杂而愈机巧，神经与肌肉调协的工夫也愈复杂，所以，运动能促进神经系统的发展。从此看来，锻炼身体，从事运动，结果可使身体灵敏，力量增大，食量增加，心肺及内脏其他各器官，如肝胰肾大小肠胃皆变强壮。欲达这种目的，一人每日须做相当的运动。据美国体育专家吼善灵顿氏（Hetherington）研究的结果，小学生每日至少须有四小时活动，中学生每日须有二三小时活动，成人每日须有一小时的活动。若一人因职业关系，不能多做运动，平均每日至少须做三十分钟的活动，或隔日行一点钟的活动。活动的种类很多，选择的方法要看个人的技能、兴味、经济的状况及习惯等要素来决定。一人若对于田径运动球类等从未学过，则年轻者可以从事学习，年老者只能择简易之运动行之。如吾国年过四十之人能打网球、高尔夫球最好，不能则打太极拳，或练习他种拳术也好。若不好拳术，星期日到野外爬山也好。一人若对于某一种运动有兴味，就做那种运动。例如德国人嗜器械运动，有年过六十尚做器械运动者。一人若有经济力量能买高尔夫球棍，筑高尔夫球场，也不妨从吾所好而为之。惟最紧要者，一人对于一种运动须有相当之技能，技能好兴味亦随之而起。又一人要身体终身强健，须终身保持运动和操练，要能终身保持操练而不间断，需有运动的习惯和兴趣。此种运动的习惯和兴趣，不是从老来养成，乃是从年轻时候好动天性发现的时候培养成的。若年轻的时候没有养成，到年长了是不成的，犹之猫好捕鼠的习惯和技能，从幼时前脚玩球练习来的。小时不学，老来就没有那种习惯。所以，中小学体育是很重要，运动的习惯和兴味都要在那时养成。现在社会上一般人，对于运动不会而没有兴趣的人，都是从前对于学校体育不讲究的缘故。这般人要强健身体，惟有决心择一种运动，努力练习，学打网球也好，学太极拳也好，如有高尔夫球场，学打高尔夫球也好。

此外，身体之不强健，由于一人多用精力，神经系统少休息和其他各器官之功能退化的缘故。大家要明白，一人坐在公事房办公，在图书馆看书，或书房里写文章，虽然不喘气，心不跳快，四肢也不动，但是消费的精力极多。如一人连夜用功，写文章或读书，能致血聚在脑中睡眠不着。此外，还有种种很危险的现象，如消化不良，胃口不好，身体里的养料的消耗之无限制，终至身体虚弱，形容憔悴，这都是不强健的表示。一人若从事运动，可以把用心时提到脑中去的血液引到肌肉里去，脑中有所萦思的问题，可以从此忘却，如是睡眠也容易了，胃口也开了，精神也省了，所以要身体强健，还要用运动来调节身心。一人的事业愈大，则身体的强健愈需要。昔曾文正公以战乱平难为己任，每日须静坐三十分钟，饭后缓步五百步。静坐有节省精力之意义，缓步有运动的意味。当时因为体育未及提倡，士大夫不知道运动，但曾文正公却早已实践体育的训练了。现在我们已经知道几十种运动，不能拿运动来强健身体，来消费我们的时间，反有人用嫖赌等伤害身体的活动来消遣，真是可惜。今日是讲积极方面强身的方法，还有积极方面的卫身的方法，与强健身体有密切的关系，俟下一次再讲。

第二点，消极方面强健身体方法，就是讲究卫生。因为卫生与体育，须相辅而行，缺一不可。有体育而不讲卫生，可将体育所训练的效果，破坏尽净。例如体力极充足，精神极活泼之运动好手，饮食不慎，吃不消化的食物，喝不清洁的凉水，传染到伤寒症或痢疾，于是身体萎顿，精神减色。所谓强健的体格，那时已不复见了。所以，卫生和体育是互相维持身体强健的，卫生的方法究属如何？可以分几方面来讲。

（一）卫生的习惯

这就是一人寻常饮食起居、工作休息等整个生活的习惯，对于身体的影响较大。这也可以分几个方面来讲：

1. 饮食的习惯

饮食为精力之源，食物得当，足以养身；食物不得当，足以害身。食物之足以应吾人的需要的，有三大类：其一为蛋白质（就是肉类，鸡蛋等），这种食品一人每日二百克已足，稍多亦不妨，惟过多则仍由肾中排去。因蛋白质除补身体之组织以外，不能存留在身体中。有的人好多吃肉类，肾的负担太重，足以伤肾。昔袁世凯每日须吃鸭一只，终因肾病而死。袁氏有矮胖之体格，是属于侧宽式一类，这类易于生肾病，一方面亦因多吃肉而然。所以矮胖的人，食物应少食肉类，多吃素菜。第二类食物为炭水化物，就是饭、面、糖之类。这种食物如多吃而能消化，则能储蓄在体内，若吃得太多，则不易于消化，或即能消化，其人亦将萎靡不振，因为血都到胃中做消化的工作去了。第三类食物为脂肪，就是奶油、猪油、豆油等。这类食物，消化之后，功用与炭水化物相同，但是多吃不易消化，尤其用油炸的食物，不宜多吃，如油条之类，多吃都是不卫生的。此外还有所谓护生素，寻常叫维他命，他们共有五种，不是独立存在，往往含有在食物中间。维他命 A 存在脂肪中，如牛油、鱼肝油之类，亦有存在红萝卜、菠菜中的，可是猪油中一点也没有。不吃这类护生素，易生结膜炎等病。维他命 B，是存在种子里面和动物的卵里面，米太白，这种维他命就被磨去了。一人吃不到这种维他命，要生神经炎，脚气病。维他命 C，存在柑橘番茄蔬菜中，若不吃这种维他命，要生贫血，口膜流血，及虚弱症和坏血症等。维他命 D，存于牛油及植物脂肪中，小儿不吃这种维他命，要生软骨病。还有维他命 E，存于蛋黄，萵苣和肝中，不吃他，就不会生殖。所以一人的食物要吃得平均，各种必须的养生质，都不可少。许多人的饮食专拣好吃的吃，实在不好吃而对身体有益的，也不得不吃一点。还有许多人好吃零星食物，足以败坏胃口，讲究卫生的人，这种不良习惯，绝对不可养成。还有吃饭的时候，有的人吃得很快，也是不好，因为有一部份食物如米饭之类在口中消化，有一部份如肉类油类，在肠胃里消化，吃得慢，嚼得碎，则消化液容易消化他，而且消化液可以出得多，消化更易。所以吃饭须有多嚼而慢吃的习惯。此外饮料方面，水宜多喝，一天至少四斤，其他如酒咖啡之类，不宜多喝。

2. 排泄的习惯

就是大便的习惯，大便每日至少一次或两次。最好在早晨或者饮后。早晨在家庭中或在寓处，成了习惯不易忘却，中午或晚上出外办公或应酬，易于忘却，但是成了习惯之后，则准时而来，绝不迟缓。一人希望养成习惯，最好到一定时间（早晨或饭后）去上厕，极久则有排除之感觉，不必用意志来管理了。大便所以须每日来的缘故，因为粪积肠中，易于腐败，而生肠靛素及粪臭素，使一人的抵抗力减低容易发生他种疾病。

3. 睡眠的习惯

睡眠是休息最充分的方法。一人坐在花园中或茶坊中间虽然亦算休息，但多少用些脑筋和肌肉的力量。至于睡眠的时候，身体上各处肌肉，全部放松，脑筋也停止工作。即使白天十分疲劳，若能熟睡八九小时，疲劳完全可以恢复。所以一个人希望身体强健，睡眠是很要紧。最好养成到十点钟或十一点钟一定睡着的习惯，到明日六七点钟一定起床的习惯。若一人有嗜好，好跳舞、好打牌，通宵达旦的干，身体一定吃大亏。虽然做运动来强健身体，也是全无效果的。此外，还有应附带注意的事项，就是睡时，被勿盖到面上，并且还要把窗子开一二扇，因为空气清鲜，睡得好些。

4. 清洁的习惯

这包括很多，最重要者，为早晨饭后之刷牙。因为食物残屑存在齿间可以腐化而发生酸质，易使牙齿腐烂，烂后即痛，痛则非补非拔不可，即能补好，亦不易持久不坏。牙垢则消化不良，营养不得充足，与身体强健有直接关系。所以这种刷牙的习惯，不能不养成。食前洗手的习惯，外国人极为注意，因为外人吃面包都用手抓的缘故，吾国人用箸代手，虽然手不直接取物，亦有用到手的地方，若手不洁净，微生物易入口中，非常危险。所以食前洗手的习惯，也应养成的。此外还有浴身的习惯，皮肤是排泄机关，时时排泄脂肪、汗素等，不洗浴，则排泄不畅。所以夏天每日应洗浴，冬天至少一星期一次。

5. 工作与休息的习惯

吾人为生活起见，不能不做工作，最好一人的工作，每天都有规定，工作满时，则事休息或游散。一人终日用功或做事而不息，精神消耗太多，身体即为之亏损。所以做满几时，应即休息。休息时或游公园或与友人出城外游览，或登山亦调养身心。

6. 运动的习惯

此即上节积极的强身方法。如每天按时做运动，或每天做一次运动，也无不可。

以上六种习惯，可以包括一人寻常之生活，还有特别的事项，想要身体强健者，亦不可不知道的，就是以下一项。

（二）防传染病之常识

传染病有好几种，有几种是极危险的，如伤寒症、天花、白喉、霍乱、猩红热。现在医药很进步，天花不必说，早已发明牛痘，余如伤寒症、白喉、霍乱、猩红热，都有预防针可打。打后虽然不能绝对不受传染，但是比不打好得多。如一人已患传染病，如白喉、霍乱之后，须赶速送医院医治，使其与家庭最好隔离以防传染家人。

此外还有关于公共卫生常识，直接或间接对于人生都有关系。限于时间，不暇细讲，完了。

（原载《勤奋体育月报》1936年第3卷第5期）

青年强身之方法

一、绪言

讲强健方法之先，须明强健之意义，强健之谓者：精神充足肌力富丰，胃口强，消化良，睡眠足，身体各种器官皆在正常状态之下，其功能全在旺盛状况之中是也。欲达此种目的，首宜从积极方面从事体育，次宜从消极方面讲究卫生，兹详论于下：

二、积极方面——从事体育

体育实际方面之事工为活动，活动之时，肌肉收缩，起燃烧之作用，即身体中之养料与养气化合是也。肌肉之活动愈多，则燃烧愈甚，养料及养气之吸收须愈多，于是消化器及吸收养气之器官如肺如红血球，则皆应其需要而为之增强其功能而发达，一方运输之器官如循环系统亦应其需要而发达，又因燃烧之甚，发生之废料亦多，于是排泄系统，亦应其需要而发达，又肌肉活动愈复杂，肌肉之调协愈增加其程度，于是神经肌肉系统管理之中枢亦为之发达，脑经活泼，肌体增大为其当然之结果，人在青年期，身体各器官正在成熟之时，须赖运动以刺激各器官之发展，故每日至少有一点钟强烈之活动，在学校之中，一人宜按季学会一种活动，如春季为网球，夏季为游泳，秋季为足球，冬季为篮球，尤须注意运动习惯，与兴趣之养成，盖体育非有习惯与兴趣不能持久也。

体育与卫生宜互相为用，缺其一，不能达强身之目的，若专讲体育而不讲卫生，能将体育所训练之效果，破坏尽净，譬如有名之运动员，因不注意卫生，饮不清洁之凉水，其感受伤寒症之机会与常人等，并不因其身体之发达而能敌伤寒之菌，及一旦病发，平日体育所训练者，悉付之东流，肌肉为之消瘦消化器为之伤害，心脏为之摧残，其他一切器官将至反常状况之中，所谓强健之身体，已不复见，卫生与强身之关系之密切，有如是者，故吾人对于卫生不能不加以注意。

三、消极方面——讲究卫生

卫生之道，包含至多，其最主要者为以下诸端。

（一）饮食——人体各个细胞，均赖食物以生活，食物能修补组织，供给力量，调节功能，于人体至为重要，应注意者约有数端：

1. 营养料平均——食物中所含之营养料，有炭水化合物，脂肪，蛋白质，盐类，维他命，水六大类，各类作用不一，而人体所需各该物质之量亦不同饮食时，食物所含之食素，须得其宜，否则效果甚少，炭水化合物太多存于谷类蔬菜水果之中，脂肪多含于动植物脂肪内，蛋白质如肉卵，豆，中含有大量，维他命多于水果，蔬菜肉乳类，米皮之中，盐类亦大多含于水果蔬菜之中，故吾人食物，须以谷类水果卵肉蔬菜等物为主。

2. 食物有定时有定量——每日食物须有定时定量，绝对禁止食杂物，及不易消化之物，因不易消化之物，在胃内须停留三四小时，因此易腐败而酿成消化不良症。

3. 食时须缓而细嚼——胃之消化作用仅能消化蛋白质，其他均不能消化，故食时如不细嚼，则含淀粉质之食品，不能与口腔分泌之唾液接触，完成消化，而外含脂肪之蛋白质，亦不能与胃液接触，行其消化作用。

4. 饮适量之水分——水占人体三分之二，体中缺水较缺食物更易致人于死命，水在体中营消化吸收排泄等作用，于人体关系甚大，通常除食物中含水分外，每日应饮水四磅，如饮水过少，肠中水分易被吸收，以补血中不足，而成便秘，但过多则亦易损伤肾脏。

5. 不饮刺激品——刺激品如茶，咖啡，烟酒之类刺激神经暂时兴奋，饮吸成癖为害颇烈，易使人脑力低降肌肉失正确力，青年人切应戒绝。

（二）睡眠——睡眠能恢复日间工作疲劳，睡眠不足，则精神萎靡，工作力减低，故平日宜养成以下诸习惯。

1. 准时就眠——每日就眠须有定时，青年人约睡八至九小时，晚间十时须就寝，过迟则神经肌肉太感疲劳，不易恢复。

2. 睡眠时宜开窗户——当睡眠时，呼吸较缓，吸入之养气量亦少，如窗户紧闭，则空气不流通睡眠不能充足。

3. 睡眠时，头不蒙在被内——每当冬季，吾人常喜蒙头于被内以御寒，被内空气不流通于吸呼上颇有妨碍。

（三）排泄

1. 按时大便——食物经胃消化后营养物质即输至各组织，废物则经肠而排出，大便每日须有定时，晨间起身后最佳，如大便闭结，则肠内易生肠靛素粪臭素使人精神不振，食欲减退抵抗力降低，各种病菌易乘机在体内繁殖，故为害甚大。

2. 勤于洗澡——皮肤外层为鳞状细胞，此细胞不断死之剥脱，与人体表面之污垢，藉脂肪腺之分泌混合而附着于人体表面，将汗腺排泄管封闭，然汗腺脂肪腺不断向外输送其分泌物，一旦管口封闭，则皮肤失去排泄功能，故宜勤洗浴，以免此弊，在夏季每日一次，冬季每周至少一次或两次。

3. 时更里衣——皮肤为排泄器官，已如上述人体每日所排泄之污垢，恒附着于里衣，久不更换，易生细菌，发臭恶味，对皮肤健康，发生不良影响。

（四）其他各种清洁习惯——其最要者有以下两种：

1. 刷牙——吾人每当饭后，宜刷牙一次，因口中分泌之唾液素，易与牙上已有之细菌及食物之屑浆，混成牙垢，日久化成酸质，腐烂而臭，至影响消化。

2. 洗手——指甲与手指间，常有大量细菌附着，攫取食物时，细菌即随食物而传入胃肠，颇引危险，故宜随时保持手之清洁。

（五）传染病之预防——传染病之最剧烈者，莫如天花伤寒，霍乱，白喉猩红热等，除天花可以种痘预防外，余皆能以打针防止之，欲强健身体者，不能不力事预防也。

四、结论

体育及卫生与强身之关系，既如是密切，故青年一方从事体育，一方须讲究卫生，社会上往往误会从事体育，身体发达之，可以免除一切疾病，证诸上述之理，实属错误，吾望读者三注意焉。

（原载《中国学生》1936 年第 2 卷第 1—4 期）

如何增强国民体格[①]

如火如荼的世界运动大会开幕以来，全球瞩目，而我国代表队，本届尚系第一次参加，国内人士以及海外同胞，莫不热烈盼望，争聆佳音，故消息传来，常出意外。至前日我选手参加四百米游泳赛落选后，我国代表队已正式宣告全部失败，国人于失望之余，当必有瞿然惊觉于吾国体育运动之落伍，而今后如何增强一般国民体格，实值得国人特别注意之问题；据中央社冯有真氏广播报告，谓："综考失败原因，由于体力懦弱，技术不佳，距最低标准极远。"又谓："中国人之体力，与外国人比较，相差甚远，当中国选手与外国选手并立时，其强大与瘦弱之体魄，显露无遗，一般观众，对中国人之体力，无不惋惜；运动技术优劣，尚为其次之问题，成功与失败，更无所用其悲观，而体力之羸弱如此，实为中国民族前途寒心。"此诚确切不易之论，试听广播报告，我选手每一项比赛结果，不曰力竭落后，即曰体力不济，不曰取胜心操之过急，即曰缺少长期刻苦之练习；此次我国出席世运会所得最大之教训，即第一为国民体质之不如人，其次为锻炼精神之不如人，而竞技的胜负问题，固属末节耳。

夫吾国选手，对于技术方面，每倚赖天才，缺乏埋头苦练的功夫，以致临事矜张，心理反常，此或由于主持乏人，领导不善，得此教训，补牢未晚，尚不足令吾人悲观。惟是吾国代表队，已选集全国体育界杰出人才，而体力表现，相差如此，则全国广大民众的体质孱弱，概可想见；再观此届世运，各国新选手产生不

① 1936年8月13日国民党中央广播电台播讲。

已,新纪录层出不穷。而我国提倡体育,已历有年数,全国运动会,远东运动会,亦已举行多次,乃新选手新纪录之发现甚少,人百己十,人十己一,则吾国体育之未能普遍提倡,更可想见;欲挽救这种民族质素的衰败,民族精神的颓废,惟有努力于体育民众化之一途,澈底的使一般国民之体格增强而已。

我政府最高当局,深知国家民族,充满了无组织、无秩序、无中心信仰、无持久精神之一切衰败现象,故在两年以前,即提倡新生活运动,继之以公务人员训练,全国公民训练,进行不遗余力,以期强健其体魄,坚强其意志,强固其团结力量,发扬其牺牲精神,恢复国家民族之固有美质;希望吾国今后主持国内体育者,放大眼光,效法德意志普遍提倡之精神,积极扩展于广大民众间,上以辅助政府,完成新时代之民众训练,下以辅助地方,改善全国民众之实际生活,则此次所获于世运会之教训者多矣;至于吾国选手之力不从心,未能载誉而归,吾人固亦予以无限之同情也。

(原载《广播周报》1936 年第 100 期)

世界运动会与吾国国民体育[①]

在讲世界运动会对吾国国民体育的影响之前，我先要说明世界运动会对于各国国际地位之关系：这运动会原系法人 Pierre de Coubertin 发起，一八九六年第一次在雅典举行，其宗旨在提倡国际主义（Internationalism），藉运动的机会，谋世界的和平；但是，自发起到现在，前后共十一次。每次运动会不但不能依着这宗旨举行，反背道而驰，向国家主义方面迈进，许多有野心的国家，千百计的努力提倡体育，希望能在这大运动会中露头角，来增高他们的国际地位。我国此次参加结果，虽然田径一分未得，可是足球和英国比赛，上半节能保持平手，引起世界上极大之注意，可说虽败犹荣。还有国术表演，观众有三万人之多，大受各国欢迎。要知吾国数十年来，对外宣传向不注意，外国一般民众，对吾国国情犹不了解，仍然以“东亚病夫”看待，根本不知道吾国体育也有相当的程度。此次之参加，足以解除世界对吾国体育之大惑，对于吾国之国际地位，可说有裨无损。至于此次出席世界运动会，对于我国国民体育，则有种种影响，分述于下：

第一、参加比赛所得的教训，可分数端

（一）民族体格之培养　根据第九次世界运动会，田径运动员体格检查之结果，所有运动员的体格，皆属魁梧壮伟，绝少例外。因身体矮小，跑快跳高，皆受体格之天然限制。此次吾国田径队之失败，早在意料中，而其原因之一

① 此文为 1936 年 8 月 16 日在国民党中央广播电台播讲。

端，即体格弱小，以后国人应认识民族体格之弱小，须应用各种方法改良：其一，为应用生物学选种之原则，即提倡健美，使社会上有男子好与高大之女子结婚，女子好与高大之男子结婚之心理，于是弱小之男女无形中受自然淘汰，社会上弱小之儿童将有减少之趋向；其二，注意适宜之运动。以前日人之身体以矮小闻于世，数十年来用种种方法改良，今日之统计，彼国民之体格，平均已增高三四吋矣。

（二）运动员之选择与培养　吾国选择运动员，往往凭其目前之成绩，并不顾其将来之可能性；以后选择运动员，除依据其目前之成绩之外，还要注意他的身材，重量，是否对于他专攻的项目是合式；还有一层，此次我国参加世运，不论是径赛项目，球类项目，开始时各运动员多显相当能力，至中途以后，渐显疲乏之象，缺少力量。其近因为运动员起程太迟，事前未能充分休息，远因是平日训练不足，耐劳力未能充分培养；此次运动会之失败，即暴露吾国国民运动训练之弱点，以后应急图改良。

（三）体育风纪之整顿　吾国学风，素属不良，而各校之运动员为尤甚；运动员之稍有技能者，即目无师长，不听教员之指导，致错误无人矫正，改良亦无从说起。平日练习有一曝十寒者，有操练过度者，此实为运动员之通病；以后欲求体育进步，对于体育风纪不能不加以整顿。

（四）国民体育之注意点　此次参加世界运动会之失败，原在意料之中，已如上述；此后之体育却不能因此次失败，而专注运动员之培养，因各国体育优胜之原因，并不简单，有全民族体格先天的问题，有营养之问题，有体育普及之问题，还有风纪与训练之问题；以后须多方注意，十数年后，自然人才辈出；若单从训练运动员这一点注意，以后仍难收得较大之成效。

第二、世运会中所得识见之一般

此次参加世界运动会者有数十国，规模之大，范围之广，可以想见，而其计划之周详，筹备之周密，组织之健全，分工之精细，及场地设备之新颖，交通之安排，物料之供给，住宅之建筑，以及其他种种设施，大有可供吾国体育行政上参考之；将来考察团回国，当有详细报告，今天不过提出来引起各位注意。

第三、参加世运会附设各种集会与吾国体育

吾国此次参加世运会，除职员及运动员之外，尚有一考察团，计女团员九人，男团员二十四人，除参观运动会之外，一部份团员拟参加国际休闲及娱乐讨论会，会中讨论之要点，为社会问题，娱乐运动之性质及其组织之起因，休闲与工作之根本关系，工厂与工房之问题，周末问题，假期与娱乐，工人体育训练之价值，妇女休闲问题，幼童与青年之休闲问题，工作环境及家庭进化之影响，工作在文艺上之影响，娱乐运动乃为人道主义及世界和平而提倡等问题；会场假汉堡音乐厅，此次考察团员在该讨论会中，定能聆得国外体育名家之宏论，以作改进吾国国民体育之参考，又会中除讨论之外，由各国参加人士表演其固有之体育，亦可增广吾参观团之眼界，实于吾国体育前途大有裨益也。

（原载《广播周报》1936 年第 100 期）

提倡我国体育目前之先决问题[①]

诸位：体育之重要与我国体育之必须提倡，在各种杂志上，或报纸上，大家一定已经读的很多，它的理由是已经知道的；但是我国要提倡体育，目前有几个先决的问题，一定是需要认识而且需要解决的；有了解决的办法，然后再来提倡，才会有效果。

第一个问题是中国体育背景之认识。

我们中国的习俗，知识份子的见解，大都是重文轻武，身体的训练向来是不注意的，所以几千年来，关于体育方面的研究，没有什么可说，也没有什么可以做社会体育的基础；虽然我国有国术摔角等活动，传于民间，但从未经政府有系统的提倡；至于体育方面的设备与建筑，更无成绩可言，反观欧洲的许多国家则反是。

例如，意大利 Pompeii 古城，埋藏地下有一千多年之久，至一五九四年发现，一七四八年开始挖掘，一八六〇至一八九五年继续挖掘修补完成；城中有类似此次德国新建的世界运动大会会场的建筑，由此可见意大利的体育，已有数千年的历史。

德国体育在一八〇〇年左右，因杨氏的提倡而普及，故德国体育在百余年前已很发达；还有瑞典，丹麦，英国等国家，他们体育的历史，少则有百余年，多则有二百余年的历史。

① 1937 年 1 月 4 日在国民党中央广播电台播讲。

体育在欧洲差不多成了人生一部份的生活，不必加以提倡，就可以普及的；我国要想普及体育，可就困难，若与欧洲各国比较起来，真有宵壤之别，从这一点看起来，我们中国体育的基础是很差，人民对于体育既然缺少信仰，又没有养成习惯，所以我们要提倡体育，就要用加倍的力量，比别国还要努力的去做才行。

第二个问题是体育经济之确定。

体育同其他教育一样，在经济方面讲是一种消耗的事业，没有经费也就谈不到事业；以前学校体育因为连经费的预算都没有，各种体育方面的活动都是靠着学生的体育费来维持的，所以没有什么好的成绩，因为缺乏经费，所以没有什么好的设备，因此就推行不了；若是同外国比较起来，那么，我们学校的体育经费可以说是等于零。

举一个例来说，德国全国体育经费，每年由中央支出，除了体育教师的薪金及建设设备等费用而外，单是用在师资训练及青年运动员上面的用费，以及各体育会的辅助费，已达九百万马克；由各省支出的经费，有数十万至百万马克之多；此外还有体育会的会员，共有七百万人，每人纳会费九马克，算起来一共就有六千多万马克，这个数目是可惊得很。

北欧的丹麦国，人口不过四百万，全国面积不过一万六千六百万方英哩，比我们江苏一省小，而它每年体育的经费有八百九十二万元，每人约占二十三元之多；以它体育经费的数目与人数比起来，恐怕要占世界的第一位。

意大利的青年体育训练，全年经费有二万四千万里拉，其数亦足惊人；我中央政府对于体育经费，还没有列入国家的预算，这固然是由于国家财政困难，但无论如何，至少也应占其他各国体育经费的十分之一或百分之一，至于各学校，也应依照二十一年全国第一次体育会议议决案，学校体育经济应占全校经费百分之二一的规定；因为这样一来，中央有中央的体育经费，各省有各省的体育经费，各校有各校的体育经费，全国体育的发展是不可限量的。

第三个问题是体育行政的组织。

从前我国的体育是靠体育教员或少数热心体育的校长来提倡的，二十年来大都如此，要知道这种事业与其他教育是一样的重要，因为受训练的是全国国民，范围很广；但因此种事业在我国毫无历史基础，推动的力量非大不可，所以没有政府来提倡，是不成的。欧洲各国体育基础稳固，他们的行政组织是很完备的：比如德国教育部，里面分四个司，第四司为体育司，下分师资训练科及青年运动科，分掌体育人才训练，学校体育之督促，及青年运动经费之支出；此外还设有体育指导员二十六人，负责视察各省学校体育的设施与教学的情况。

瑞典的体育最高机关设在教育部，有督学五十人，里面有两人是管理学校体育的。又如匈牙利政府设体育科长一人，职员五人，此外还有全国体育委员会，委员三十六人至四十九人，平时由执行委员会支持，其下分五种小的组织：(一)中小学体育组织，(二)社会体育组织，(三)青年体育训练组织，(四)国际体育组织，(五)大学体育组织。

我国地大物博，教育部至少要设体育科，现在只设有体育组，而且还是兼的。

这组织不能说是充实。去年十月七日，中央党部民众训练部召集了一个全国体育设计委员会，有人提议设立一个最高体育机关，称体育部或体育局，由中央党部的民众训练部，训练总监部的体育科，及教育部的体育组三个机关联合组织之；各省的教育所再设体育督学，这个计划如果能够实行，体育的行政组织才可称为完备，组织一完备，行动起来才有力量。以往因为没有经费，所以没有组织，没有组织，推行就没有力量，效果也就很少。

以上的三点，兄弟认为是推进体育目前必须解决的问题。希望我国行政当局加以注意，而决定其实行的办法。

在这三点以外，兄弟还有一点建议：就是第十一次的世界运动会，将于一九四四年在日本举行，而各国人事对于远东的几个国家，素来是很注意的；他们认为远东的文化，艺术，种种方面和欧洲不同，中国的文化，他们尤其认为是世界著名的文化；他们参加世界运动会，他人一定会顺便到中国来参观，因为从日本到中国，比南京到北平还要便利。从目前到开会的一年，还有四年的光阴，我们应该有特别的准备，应该要求政府设法增加经费，并训练运动员，不要再给欧洲各国说我们还是不进步才好。

此外，还要注意的是体育师资训练的机关，譬如中央大学，师范大学，广东省立体专等学校，应该在这三四年中间，设法整顿一下，因为来参观的欧洲人士，一定是要看我们的体育师资训练的机关的。

我们在未开会的前两年，就要到各国去宣传，让外国人到中国来参观，把好的印象给他们带回去，为我们宣传，这岂不是很好吗？此外，我们要准备的工作还有：交通的便利及物资建设的增加，譬如北平、西湖、黄山等名胜，都应该加以整顿，因为这些名胜都是外国人所常常称道而值得给外国人游玩的地方。

还有我们的艺术、古玩，也是值得夸耀的。所以到那时候，我们应该举行一个博览会；届时，来参观的外国人一定很多，而他们用在中国的钱的数目，也一定很可观，我们如果推销得法，一定可以使每一个外国人买许多中国东西满载而归；要知道，在德国开的世界运动会，所用去的经费是一百万马克，而他们的收入的数目，却在几倍以上。

这是兄弟从体育方面贡献的一点意见。希望各位及政府当局，想法提倡，准备实行。

（原载《广播周报》1937年第120期）

世运会我国失败之前后责任问题

一、前言

在未讨论此问题之前，拟先使读者明了本人选择此题之动机。在八月十五日左右，我国参加世运会之结果，大小各报，刊载各种评论，有劝勉者，有嘲笑者，有抨击以往体育制度者，有严责体育界同人者，议论纷纭，莫衷一是。使言之而当，则应尽量接受，作日后改良之参考；言之而不当，则体育界同人亦应益自奋发，以求改进。不意一日见某教育行政当局，亦以同样之口吻相责难，竟谓此次之失败，体育界人士应负其责任。本人为体育界之一分子，当然亦在负责之列。惟我国代表队世运会之失败，是否即我国之体育失败？所言果确，则体育同仁在体育事业之机构中，负有几何责任？此次之失败，远因近因至为复杂。现代体育机构中所含之各界，均应负若干责任，不能不为读者一分析之。

二、我国在世运会之失败是否就是体育教育之失败

体育之目的至多，运动成绩之优良，非体育之目的也。即以比赛一端而论，亦系提倡之一种方法，非考验体育成败之标准。以比赛之结果来评体育之成败，论理上有不可通之处。一九四〇年第十二次世界运动会将于日本东京举行；倘一般从事体育者在此三数年内，专心致志于赴会选手之训练，而忽略了一般国民之体育，即下届世运会能得若干分数，不能谓吾国体育有无上之进步也。反之，今后全国各界人士，合理提倡普及体育，将选手运动置诸脑后，则三数年

后，吾国体育必大有进步；届时虽在东京失败，亦不能即谓吾国体育毫无进步也。是以我国在世运会之成败，非即我国体育之成败。以比赛失败之故而责备体育会同仁者，盖未明此意也。

三、我国在世运会之失败究竟是何种失败

我国在世运会之失败，作者不承认是体育教育之失败，而为民族积弱之后果。证之吾国足球对英之战，即可了然。英国之足球名闻世界，吾队抗战结果，上半时竟成平手，足见平时对于运动技术之训练未始不佳也。下半节因体力不支，连失二球，足证足球之败，非技术问题，乃系体格问题。其他如篮球赛等，皆有同样之情形；故此次世运会中我国之失败，其因果关系，不待辩而自明。

四、失败之责任问题

认明参加世运会之失败系民族体格的失败，则责任自有所归。经作者详细分析，则不但今人负责，古人亦应负责，试申其说：

（一）缠足之害

考缠足之风，由来已久，受其累者，不可胜数！旧俗凡六七岁之女子即行缠足，其身体发展之机会，因此剥夺净尽；自始迄今，因累世遗传关系，后裔积弱不堪。现代之中华民族如称之为弱种，亦不为过。欲其在世运会中与其他民族竞争，其胜负之数，无待龟筮。缠足之风，贻害整个民族，始作俑者，应负极大责任。

（二）文治思想

“子路侍侧，行行如也。”[①]而孔子笑其不得其死。子路问孔子：“子行三军则

① 原文出自《论语·先进第十一》：“闵子侍侧，訚訚如也；子路，行行如也；冉有、子贡，侃侃如也。子乐：‘若由也，不得其死然。’”

谁与?”孔子答以“暴虎冯河死而无悔者,吾不与也”。南宫适问于孔子,曰:“羿善射,奡荡舟,俱不得其死。然禹稷躬稼而有天下。”孔子赞其尚德。孟子曰:“劳心者治人,劳力者治于人。”吾国二千余年来之士大夫教育以孔孟之训为依归,孔孟尚文轻武之思想,尚存一般士大夫之脑海中。吾国民族体格之不注意,其由来也渐矣。推其源,孔孟以后,提倡文治思想者亦应负责。

(三) 专制遗毒

历代帝王大率皆有子孙帝王万世之业之野心,而以秦始皇明太祖为尤甚。始皇堕名城,杀豪俊,销锋镝,以弱天下之民。太祖创八股消磨天下士气。有为之士欲谋进身于仕途,不得不舍武而就文,将体格之训练置之脑后。满清科举桎梏,更变本加厉,重文轻武之风,视明代尤甚! 民族体格乃更形衰弱。

吾国民族受习惯、思想、及以往政治之影响,蔑视体育也久矣。文人学士,习焉不察,比及登场比赛,弱点悉形暴露。识见短浅之士,不加深察,而归咎少数从事体育之人,殊欠公允! 是以不能无辩。

吾国民族体质,数千年来迭经摧残,挽救文弱,决非一蹴可成。况二十年来之提倡体育者,虽奔走呼号,而赤手空拳,殊鲜佳果。上而政府,下而学校并无充分经费,以资挹注。较欧美诸邦政府年费千百万金以为扩充体育事业之用者,更觉望尘莫及。

我国现有之体育行政组织,殊不足以推进一切。最近数年教育部虽设一体育督学,而权力毫无,不易有所建树。较之设部、设司或设科之体育先进诸邦为何如? 故此次世运会之失败与其归咎于体育界,无宁归咎于政府与教育当局也。

五、失败后之补救方案

今后之大部责任,作者以为应由中央以及各省政府负之,体育界服务人员只能埋头苦干及多方鼓吹而已。兹将政府当局以及服务人员所应负之责任,分别记述如下。

（一）政府当局应尽之责任

1. 确定体育经费　“无米之炊，巧妇难为。”不论办何事业，莫不皆然。吾国提倡体育二十余年，政府预算中有体育经费之项目否？国立及省立学校预算中所列区区体育经费，能与年俱增否？曰：未能也。较之丹麦全年体育经费之六千八百九十二万克郎（人口三百九十万）、德国之一万万马克（政府预算及七百万体育会会员之会费）、匈亚利之一百三十万匈币、意大利之全年青年训练经费二万二千万里拉，竟有霄壤之别。吾国体育之不能普及也宜矣。为今后计，政府当以宽筹经费，为重要之图。

2. 改善体育行政　吾国体育之不能普及，一在无充分之经费，二在无完善之行政组织；盖经费不裕，则百事俱废，组织不善，则推动殊难。方今各省学校因循敷衍，无人督促如故也；体育学校随意添设，无人过问如故也；教员资格，参差不齐，无人检定如故也；体育行政机构不善，一切事业不能推动如故也。今后教育部亟应添设司科，以便计划全国体育，同时各省市教育厅局所设立体育督学，亦应切实视察体育。

3. 重视师资训练　吾国体育师资，不合格者居多，而合格者反少。若认真提倡体育，则体育师资，顿生问题。除由政府速令各国立各大学尽量扩充原有之体育科系外，似应另筹经费，添设各级体育师资训练机关，以供需求。如此即可集中事权，复便统一训练，而全国各级学校体育以及国民体育之指导人员，不致感受缺乏矣。

（二）服务人员应尽之责任

1. 关于运动指导员者　此次吾国参加世运会代表队之失败，其主要原因固在体格方面之不如人，一方亦由技术本身之不精。关于后者，运动指导员应根据科学原则，研究指导方法；例如田径运动应依据作者所著之《运动学》一书中所述之方法实施指导。如因技术不精，而致成绩落后，则运动指导员，不能推诿责任也。

2. 关于体育教员者　体育教员为发展体育事业之中坚分子，在经济已有办法，行政组织已臻完善之后，体育教员之责任至大；经若干时期后，而体育无成绩，则体育教员将为多方责难之焦点。故今后各级学校之体育教员应切实负教导之责；若觉技能欠缺，知识不足，应从事进修，或在课外与其他同志切磋，以期教学相长。尤宜注意品格之修养，以见重于他人；盖非如是，虽欲在体育界上尽责，亦不可得也。

3. 关于运动员者　吾国运动员大半不讲方法，设有一技之长，即盛气凌人，技术精微处之应研求者，不愿之也。以后运动员应以增进个人健康与超过世界纪录为最高目标：一方须悉心研究运动方法，接受合理之指导，一方应讲求运动卫生，免蹈以前之覆辙。如人人奉行不悖，则普及体育不难在最短期内实现，成败得失，无关宏旨也。

（三）关于体育领袖者

目前体育界最感困难之问题，一在缺乏充分之事业经费，二在国家尚未建立强有力之体育行政组织。故现在体育领袖之责任，在督促政府使能于最近期内指拨款项或确定预算，以为扩充事业之用；并应建议当局从速建立强有力之体育行政组织，或改善现行制度，庶可积极推动一切。

（四）关于民众者

普及体育运动之倡导，宜全国上下合理进行，若专赖政府与体育人员，则收效不易宏大。民众之提携也、报界之宣传也、舆论之鼓吹也，须同时并进，始能唤起全国注意，深入社会民间。故为父母者宜督促其子女努力练习，养成活泼健康之少年；为学校校长者，应设法扩充体育设备，增加体育经费，并鼓励学生自动参加，免为身体羸弱之书蠹；新闻界应以公正之态度，鼓励运动空气。其他如地方行政长官以及热心教育人士，皆应从旁赞助，协同提倡。诚如是，则体育固不难深入社会，即普及体育亦易实现矣。

六、结论

以往我国体育之失败，应负其责者略上如述；以后之发展，政府之责任大，民众之责任小。如政府已有确定之预算及完善之行政组织，则推进之责，应由体育界服务人员负之矣。

（原载《教与学》1937年第2卷第7期）

正当消遣与抗战建国

抗战将届三年，胜利已有把握，犹长跑然已到最后数秒钟阶段。抗战之空气宜愈浓厚，国民精神总动员愈趋普通。所谓千钧一发之际，危急存亡之秋，正是人人卧薪尝胆，砥砺精神，以争取最后胜利时也。此时而漫谈消遣问题，直是消散抗战之空气，松弛奋斗之精神，其罪有不可恕者。不知抗战之胜，建国之成，其基础在国人精神与体力之充实。倘党军两界精神与体力不充实，则运筹帷幄不周密，效死疆场，不能却敌制胜；政学各界精神与体力不充足，则工作之效能降低，后方之建设难以迅速完成。故此时国人精神与体力之保持与充实，实为当务之急。况我此次所遇之敌，为天下第一等强寇，胜利虽已在握，争得之期尚远，非有坚韧不拔之志，耐久不竭之精神与体力，不能达此远大之目的。又况我中华民族一方在抗战，一方又在建国，抗战即能胜利，尚须继续努力建国，国人之精神与体力，不可因此抗战而耗尽也明矣。故国人精神与体力之保持与充实，更觉紧要。保持与充实之方法为何，曰行正当之消遣是矣！夫人体为血肉之机体，为有生机之体素，善保养之，则可达百年而不罄，不善保养之，则未老即衰，彼年未及半百即秃顶发白者，因过耗精力，未用正当之消遣以调节之也。人之需要消遣是造化之命，父母遗传之禀赋，生理与解剖机构之驱使，设应调节而不加以调节，则为反自然，悖生理，结果身体受损害，消遣之不可能因时局之紧迫而忽视之也明矣。兹就人体之机构与生理之作用而检讨之，则觉其理有固然者。

一、人体之机构需要消遣

人之精力由食物中吸收而来，吸收之器官为消化系统，上自口腔，下至胃肠以及与消化器官有关之附属器官，如涎腺胃腺肝胰之类皆属之。此等器官工作正常，功用旺盛，即消化良而吸收多（食物之算量假定相同），精力即因之充足。反之此等器官工作反常，即消化不良，吸收稀少，精力为之不足。消化之良否，吸收之多少，从中左右之者，并非受意志管束之神经系统之自动神经系统之脑脊部，而乃不受意志指挥之自动神经系统，故消化之良否，吸收之多少不能受意志之管理，而由环境之刺激（烦恼或愉快之环境）。由自动神经系统间影响之。按自动神经系统之组织分三部，头部、胸部（胸部寻常交感神经）及骶部是也。就其功用而言，胸部接受不良之刺激，如痛、饥、惧、恐、怒、忧虑、烦闷等足以影响之，间接使消化不良、吸收停滞。例如在忧闷之时，口内发干，因涎腺停止分泌唾液为之也；胃口不开，由胃喷门之环状肌（此肌由胸部管）收缩为之也；食物停滞在胃中，因胃停止蠕动、胃液停止分泌为之也；食物在肠中亦停止消化，因小肠之蠕动亦停止，及肠液、胰液、胆质均停止分泌为之也。不特此也，忧闷之时，令人寝食不安，睡眠不足，耗费精力，如心跳加速，血压加高，血中多糖，新陈代谢程度增高，于是全体精力之消耗亦加多。故人在忧闷之中，精力之来源已枯竭，而消耗之程度反增高，精神之憔悴，衰老之易临，亦势所必然也。反之，头部与骶部对消化器官之控制，居对抗之阵线，凡忧闷、愤怒之情绪足以使之停止工作者，能由消遣之活动，愉快之感觉与情绪恢复之。例如嗅香甜之食物，唾液、胃液等即油然而生，消化亦即良好是也。心境愉快，胃口即开，盖胃之喷门环状肌、幽门环状肌放松，食物易于进胃亦易于出胃也。肠液、胰液、胆质亦随愉快之感觉而多生。小肠之蠕动亦因之而激起，消化完美、吸收充足。七情之中，喜乐对于身体有建设功用，唯须利用消遣之活动以达其目的。喜、怒、忧、惧有破坏之性质，亦须藉消遣之活动以消解之，以恢复心理与生理之常态。在抗战之中，忧惧、愤怒之心为奋斗刻苦之原动力，遇非常之环境，表现自卫之能力（例如人遇危险临头之时，身体上消化停止，肾上腺分泌肾上腺素，血压增高，肌肉中充血，血中糖分增加，肌肉发生极大之力量，与险恶之环境奋斗），自卫卫国之基础即奠于是。然欲动员有力，力量持久，须发挥与储蓄同时并进，方克有济。倘只发挥而不储蓄，单消耗而不补充，终必有衰竭之一日。此作者所以主张在抗战建国之中，须有正当之消遣活动也。

二、正当之消遣活动

正当之消遣活动为何？首推体育中之游戏运动。极权国家以体育为训练国民使有军士资格之工具，其活动之方法为正式的、强制的，盖非是不能令各人齐达一定之标准也。除此之外，以体育为消遣之活动，如英美人之成年者打高尔夫(golf)，从打球之中，得自然之乐趣，忘却心事，解除烦闷，使消化工作旺盛，一方吸收新鲜空气，运动筋骨，增强体力，维持壮年身体之状，延长正常工作之年限。吾国人士体育之技术、设备之完善，虽不如欧美，然山明水净之所，无处不在，远足登山，对于身体之运动心身之调节不亚于高尔夫球。惜从学校中未养成此种远足与游戏之习惯，现在社会上又缺少一种组织，社会人士以游戏活动作消遣者至少，正当之消遣既少，无已，从事于不正当之消遣矣。夫游戏活动，为后方公务人员之最好消遣固矣，即对前方军士，亦何尝不同样需要？在第一次欧洲大战中，美国参战之时，将全国之体育家强致军中，随军队赴战场。在军队调赴后方休息之时，即指导团体游戏活动，以调节其紧张之生活，据前南京高师体育科主任 Robins 氏称："军队在后方，受空袭之威胁，恐惶异常，甚至不能安眠，唯做游戏运动之后，则神疲体倦，易入睡乡。"体育活动调节之价值固无分前后方也。

其次之良好消遣为音乐之爱好。吾国素称礼乐之邦，唐朝时代即已发达，历代极盛，鼙鼓之声，箫籥之音，琴瑟之和，在心理方面，令人心旷神怡，另入境界。在生理方面，可以使消化工作保持正当状态，并减少精力之消耗。昔孔子在齐闻韶，三月不知肉味，足知乐之移情易性之力甚大，可以忘乐，更可以忘忧。惜汉唐以还，乐收不修。降及近代，国人已不知乐之为何物，更不知乐之于人生有恢复疲劳与增进健康之功能。中华民族之欠活泼、少生气由来久矣。反观今之列强，如德国则音乐最为发达，军队中（每队中有军乐队）、学校内、操场上，不论为何空间，均可闻校歌之声。即沿街行乞之流，莫不手提胡琴，歌唱名曲引起他人欣赏之心以敛钱。足见爱好音乐者之普遍。其次，如法如美，莫不以音乐为重要消遣之品，其人民身体之强健，民族之强盛，音乐是有力焉。

其次之良好消遣为书画文玩之欣赏。书画文玩本为中国从前文人爱好之品。书画在宋元最发达，明清继之，虽技术上渐见退步，而好尚之风未已。文玩为瓷器、玉器、金石之，宋元明清四代，均称极盛，种类之多，件数之♯，无法统计。惜建国之初，国人不加注意，书画文玩流入外国，每年二三百万元，三十年来，国内除故宫之外，所遗不多，至为可惜。实则书画文玩为人类之精神养料，使人精神有所寄托，在心理方面可增进其健康，在生理方面可以解除烦闷、促进消化、增加吸收。心理影响生理，其理显然。惜国人不知提倡，爱好之心无法引起，艺术之风气日益消沉，影响民族精神与体魄至大。以上三者为正当消遣之品，体育为欧美各民族之优良消遣品，国人未能学到，音乐艺术为吾国固有之文化，已抛弃无遗，故目前我国人民几无正当消遣，于是伪劣之消遣侵占其生活余暇时间。挽救之法，一方固在提倡新生活运动，以彻底改革其心理；一方在提倡正当之消遣，防止入于歧途。根本方法，应从学校教育入手，提倡体育，养成青年运动之技能。提倡音乐美术，培养欣赏艺术之能力，目前之学校教育将体育音乐及美术各种功课视为随意课，实属大误。现在国内知识分子之精神、金钱消耗于不正当之消遣者，不可胜计，是从前学校教育不注意欣赏教育使然。现在觅成人补救之法，在抗战胜利之后，各地应建立美术馆、博物院、古物陈列所等。国家平时宜多举办美术展览。报纸杂志注意宣传，以引起一般知识分子之注意，使有以改易其消遣之方法。至于抗战时期内，要人人都卧薪尝胆，各在其本位努力工作，且亦宜抽出一小部份时间，从及正当娱乐，以调节其身心。待抗战之后，仍须继续建国，国家利赖之处尚多也。

（原载《教与学》1940 年第 5 卷第 3 期）

体育节中之体育检讨

吾国提倡体育，已有四十余年之历史，成效未著，究其原因，由于以往之体育法今未立，蛮理无方针也。中央及地方体育行政机构未具，推动为中心也。致千年来，重文轻武之风未扫除，全国上下忽视体育，体育未能普及也。他如体育经费之未列入国家预算，人材之未注意培养，教材之未能详细研究，皆为其中之原因。今者国民体育法令案正式公布，以自卫卫国为目的，于是体育为国民应受之训练，以后再无轻视体育之余地，中央及地方体育机构俱设有体育行政机构，负责有人，推动有其中心矣。体育经费列入各级政府预算，体育行政人员及体育师资由大学及各级师资训练机构养成，均有明文规定，规模初具，不能不讲体育上之大进步。然抗战以来，旧习未改，青年学子视体育为长途，观近年来投考体育系人数之少（不及百分之一）可以证明青年之未觉悟，将来空军将士，机械部队，将由何而产生，此实为国家之大隐忧，教育与军事当时不能不起而挽救者一。以往教育当局，社会人士，忽视体育，人材未加培养，致体育高级人材罕如鸿毛，若再不注意培植，体育师资训练机关将难得相当师资，此教育当局不能不起而挽救者二。体育事业既不见重于社会，业此者精神决难感满足，遇年老体衰，往往怀改业之思想，继兹以往，实有此种危险，教育当局若不与以鼓励，则体育人材之叛废将益趋严重，此教育当局不能不起而挽救者三。今日为体育节，略抒所感聊供军政教育当局为今后推行体育之思考，希望全国人士之注意焉。

（原载重庆《益世报》1942 年 9 月 9 日）

我为体育界讲几句话

抗战到第九个年头，敌我争取最后胜利，到底胜利谁属？要看哪一国之经济资源，生产力量，教育程度及有关的一切事业是否对于战事有贡献来决定。体育为教育之一种，当然亦在检讨之列。我国体育对于此次抗战究竟有何贡献，一时无法估计，不过在二十七年抗战最烈之际，空军战斗员孟广信曾说过："空军人员百分之七十为运动员出身。"可见体育与空军之关系极密切，而当时竟有此百分之七十之成数属运动员，足见体育有些效果。又据各省投考空军录取人数之统计：华北仅百分之十五，华东百分之十，华中百分之七八，华南百分之五六，华西百分之一二。成数之低，出人意外，可见吾国人民体格差到极点，又可见体育之不普及与其贡献之不多。作者检讨过去二十年来我国之体育历史，知体育贡献之少，由于体育之不普及而其最大原因，为以往一般社会人士军政教育各界未加注意，未切实力求普及而然。今举数种事实可以证明：十年前（廿一年夏及廿三年）作者曾忝为教育部中小学课程委员会委员，回忆当时讨论中小学课程，在一星期会议之际，各专家莫不为其本项争钟点，于是各种课程膨涨，至每日六小时以上，每至钟点减无可减时，即将体育减少。初中由三小时减至二小时，高中由两小时减成一小时。当时并有人云体育正课可以删除，只须课外运动可矣。不知中学生功课繁重，终日用功，犹恐不能应付，那有暇时运动？况因课外运动属随意性质，不到场亦无妨。所以以往中学体育有名无实，实在太糟，此其一。凡事要下种栽培，才会结果，国家对体育可以说从前未下本钱，学校体育无确定经费，抗战之前所有学校体育设备及一切费用,全靠征收学生之体育费来开支;还有许多不热心体育之中学校长,在经济不公开之便利中,反将体育经费移作他用,至堪痛心!民国二十一年第一次全国体育会议时,即有体育经费占全校预算百分之五之决议,但迨抗战军兴,尚未实现。到年来教育部体育委员会屡有确定体育经费之建议,而实施困艰,迄无明文之规定,以往体育之未下本钱,由之可以了然,此其二。体育之未下本,从人才之培养也可以证明:二十年来,留学生之考选,在军阀时代,文理兼顾,至革命成功,转重科学,公费留学,学文法者绝无机会,如清华庚款之考选留学都属理工两项,绝对轮不到体育。自有史以来,体育官费学额,只有十三年江苏派过一次,亦仅一名。现在国内体育同志之留学回国者,前后有四十余人,莫不是由于自费,全赖家庭亲友之支持,勉强从事,国家未化一文。现在抗战之中,有人问到体育对抗战之贡献一问题,这何异农人之未耕耘而求有收获也。最近公私费留学名额有数千名,何以体育学额竟一名都没有,实属令人不解!推其原因,莫不以为体育为不重要之课目,科学高于一切而然。然若有人反问国家如此注重科学,学科学者如此之多,留学回国者成千成万,到底他们对抗战之贡献若何,表面看来,恐怕也不甚显著。论到战争工具,大兵还是扛着三八式或中正式步枪,一般士兵还是拿血肉来拼大炮炸弹。论生产,则原有二百多家煤铁矿公司,三年来相继闭歇,现剩三四十家,一枪一弹恐都要仰仗外国,中国飞机厂反在外国开着,这种局面,到底何人铸此大错?我不便深究,此其三。美国自珍珠港被袭之后,埋头整军。一般体育专家多在军队工作,如前南高体育科主任祁屋克氏,现在纽约海军训练营服务,麦克乐氏在华盛顿伤兵医院为伤兵设计体育。抗战九年,中国新兵训练从未闻体育人员去襄助训练,发动征集十万知识青年从军时,一般体育家多愿到营服务,但未闻训练营有聘体育教官之询。这种普遍性的漠视体育,实令人莫名其妙!

编者按:主管当局现发动组织体育指导委员会征调各体育师资机关教师与学生充任体育教育。一般人多不知道体育的功用,不知道体育的重要,不予体育界以贡献的机会，那里谈得到贡献呢？筹议实施方案并体育的贡献是不很多，毕竟从事体育者不能负责？

（原载《中华体育》1945 年第 1 卷 2—3 期）

此次抗战之结果与今后我国体育之方针

此次战争，杀人之多，破坏之大，消耗之巨，可称空前，而受害最深最惨者，即为怀征服他人野心而提倡杀人之德日两国。所以然者，要不外佛家因果之关系，及老子所云“坚强者死之徒，兵强则不胜，木强则折”①之理。此种哲理，初视之觉莫名其妙。实则亦甚简单。盖人类生活之目的，在维持其生命，满足其欲望。倘有杀戮其生命，断绝其欲望者，必起而反抗之，于是争斗以起。征服人者之力量愈大，则反抗者之力量亦必愈强，结果杀人者为人杀，佳兵不祥，古有明训，因果不爽，可不戒惧。作者在一九一七年春到上海日本同文书院参观体育，见该校学生对角力柔道之精而且普及，实出意外。当时觉日本人处心积虑，有征服中国之志，无日不在准备达成之过程中，同往者莫不惴惴于心，一若兵祸之来不远。今者日人来侵，已及八年，我被迫应战，使日人陷入泥淖，彼初犹不知悔祸自拔，反背义灭信，偷袭珍珠港，疯狂若是，昏聩若是。谁为祸首，实为数十年来实施杀人教育之教育家有以种其恶因；而今日之惨遭破坏，将来之因不肯投降，顽强抵抗以致全军覆没，不过自食其果耳！又一九二七年春，作者赴德考察，当时法国驻军，尚未退出莱茵，重整军备，尚未许可，目视德国青年，从事加紧体育训练，以为整军基础。足见德人复仇之心早在萌芽滋长中。及一九三三年希魔执政，以疯狂之姿态，巧合人民之心理，整军备，造武器，不及十年，有席卷欧非，囊括世界之势，可谓盛矣。然终因欲壑难填，轻发侵俄之兵。俾英美得

① 语出《道德经》，原文为：“故坚强者死之徒，柔弱者生之徒。是以兵强则不胜，木强则折。”

有准备之机会。去夏英美登陆成功，未及一年，击溃法西斯军队，德国人民遂堕入深渊，难以复出。倘各国经此大难，犹心不悔祸，续萌野心，好事争雄，威胁世界，蹈德日之覆辙，则冤冤相报，第三次世界大战又所难免。故此次美国罗斯福总统发起召集旧金山会议，目的在永久消除兵祸。然不论办法如何之好，条约如何之严，倘各国不自悔祸，其效果终属有限。此数日间，墨希二魔，相继伏法，柏林陷落。世人切勿引以为喜，因不论成败，双方人口之损失，均达数千万，大庆祝之日，亦即人类大忏悔之时。一方又须知日阀尚存，继墨希二魔而起者，亦许正在生心之中，前途尚未乐观。所以此时各强国应诚心悔祸，国际间应力谋经济外交军事多合作外，还须从教育方面培养国际主义之精神，取消从前狭窄的国家主义之旧思想。战后如德日二国一方面应给以经济之协助，使其人民生活有出路，以缓和其复仇之心，一方面用教育方法改变其思想，以消除其征服他人之野心。然后方有永久和平之希望。我中华民国向以修齐治平之政治哲学，协和万邦之国际政策闻于世，此次更当使发扬广大，向各国介绍，尤应不妄自菲薄而为提倡此种有悠久历史之国际主义之领导者。夫我国之地位名分既然若是，则不论教育或体育，均当取此方面而前进。彼军国主义之体育，当然不适于今后世界和平之趋势。况我国科学落后，工业不兴，战争器械，拙劣万分，人口虽多，而教育程度低落，体育不讲，身体不强，口唱军事，反可以刺激战争之空气，内部空虚，适足害人而害己，非智者之所为也。且也，抗战以来，内政欠修明，人民道德益堕落，欲建新国，首先应整理内政，挽回人心，振兴工业，充实军器之基础，提倡普及体育，恢复民族体格，作建国建军基础。若拘乎军事体育之提倡，则不但有背乎今后之趋势，且将见忌于人。尝闻德国人做而不说，美国人做而并说，而日本人说而就做，中国人说而不做。以往军事宣传不做工作之恶习，实为遭受倭寇侵略之最大原因。我政府若在北伐成功之后，埋头苦干十年，不多宣传，则七七抗战之日，亦即胜利临头之时，何至如今日前方，尚节节挫败哉。言念及此，实堪痛心！故此次抗战胜利之后，应痛改前非，一切虚伪宣传，表面掩饰之作风，应竭力避免，吾侪从事体育者，宜认清体育目标，切实做去。体育目标，与其说自卫卫国，无宁说是贡献国家社会，与利人利己之目的。盖人民之身体强健，工作效能增加，可多事生产，而减少无谓之消费，充裕家庭国家之经济，有益人群，造福社会。体育是建设的，非破坏的；利人的，非害人的。彼从前以狭义的国家主义为中心的斯巴达式及德国式体育，实在不适于今后之世界，实无异议矣。

（卅四、五、一写于中大）

（原载《中华体育》1945年第1卷第4期）

我所见到的一年来人民体育的几件大事

一年来，人民体育事业与其他各种建设事业一样获得蓬勃的发展。

首先，体育工作者普遍投入政治学习的热潮。在学习中，认识了过去轻视劳动，为体育而体育，闹宗派门户，亲美崇美等错误思想。开始建立为人民服务的人生观，工作的积极性大为提高。

各地纷纷举办了人民体育大会及各种体育比赛，广大的各阶层人民参加了比赛与表演，包括工人、农民、甚至农妇及女工等。

全国体总筹委会于成立不久，即举办全国体育工作者暑期学习会（五〇年七月）。东北自哈尔滨，北自内蒙，西自新疆，南至两广，均派代表参加学习，听取了冯文彬主任、马叙伦部长、及苏联专家等的重要报告，经过讨论研究，对人民体育的方向与任务有了明确的认识，认清了体育必须为生产与国防服务，才有广泛发展前途；并经过各种座谈会、经验介绍，交流了各地开展体育工作的经验，进一步加强了全国体育工作者的团结。

各地体育分会或分筹会相继成立，仅去年一年，已正式成立东北、西北、中南总分会筹委会，九个市体育分会，十七个市体育分筹会，五个省体育分会，七个省体育分筹会，对开展体育运动有着重大作用。

在学校里，打破了读死书的坏习惯，百分之七十到八十的学生都自觉参加了体育活动，认识了参加运动、健康身体对学习工作的重要性。

人民政府在经济极困难的情况下，仍增建运动场与增添体育设备，如南京五台山运动场的建筑，可容五万人左右，去年九月已开工。重庆市在大湾正建筑运动场，预计可容十万人。广州市越秀山人民体育场的建筑，初步工作已完成，可容十万人。

一年来人民体育在共产党、人民政府的领导和提倡下获得很大的成绩，是值得我们兴奋的。今后我们要更加努力，虚心学习，把工作提高一步，迎接新的胜利与成就。

（原载《新体育》1950 年第 7 期）

真正为了人民的宪法[①]

我们的宪法草案是真正为人民的宪法，其精神实质完全与苏联的社会主义宪法相符合，我一读宪法草案的序言："……在一九四九年取得了反对帝国主义、封建主义和官僚资本主义的人民革命的伟大胜利，因而结束了长时期被压迫、被奴役的历史，建立了人民民主专政的中华人民共和国。……保证我国能够通过和平的道路消灭剥削和贫困，建成繁荣幸福的社会主义社会。"就使我深深感受到宪法草案充分反映了人民革命的胜利成果和表现了人民的意愿，使我开卷就引起了对宪法草案的热爱，也同时引起了对共产党和毛主席的热爱。因为这是真正为人民的宪法，一切都是为了人民。回过来人民对这宪法草案的拥护和热爱也是必然的结果。

从宪法草案的内容看，整个国家由工人阶级领导，以工农联盟为基础，一切权力属于人民，国营经济及重要的生产资料如矿藏、铁路等都是全民所有制，还有许多生产资料是集体所有制。资本家所有制只占少数，而且对他们采取利用、限制和改造的政策。从这几方面看来，宪法草案所规定的国家的权力，国家财富都掌握在人民手里，充分表现了真正为了人民的精神，与资本主义国家里，保障资本家统揽大权和掌握生产资料的宪法，有本质上的不同。资本主义的宪法，是反人民的，是劳动人民的枷锁，是资本家剥削劳动人民的武器。表面上虽然有"民主""保护私有财产"等字样，实际上都是骗人的条文，所

① 本文为以《拥护中华人民共和国宪法草案》为题的一组文章中的第一篇。

谓民主,是资产阶级里面的民主,劳动人民是得不到民主的,名为“保护私人财产”,实际上,劳动人民不可得一饱,更谈不到有财产,所得到保护的是资本家的财产。

要逐步地使每个有劳动力的人从事劳动。宪法草案里规定“劳动是中华人民共和国一切有劳动能力的公民的光荣事情”,我国人民是依靠自己的劳动而生活,因此对国内兄弟民族不会欺凌,对外也不可能侵略别人,与他国可以和平相处,所以说我们的宪法是真正符合于革命的人道主义精神的,反之在资本主义国家里,轻视劳动,贱视劳动人民,奴役劳动人民,驱使他们替资本家做炮灰。资本主义国家的宪法,绝对不可能有这规定的,这也可以突出地看出我国的宪法草案与资本主义国家的宪法有着根本的区别。

马克思告诉我们,劳动生产力越大,则创造的财富越多。劳动生产力包括生产资料和劳动力,所以劳动力是创造财富不可缺少的部份,可是劳动力的大小,要看各个人体力和智力发展的情况来决定,假使一人受的教育是能使个性全面发展的,那就是智、德、体、美和综合技术教育全面发展的人,那末他的劳动力就高,所以在宪法草案第三章第九十四条规定我国人民有受教育的权利一项下,附有“国家特别关怀青年的体力和智力的发展”一项,这一项与“劳动是光荣事情”前后互相呼应,这是使我国体育事业的发展有了宪法上的保证。同时在同章的义务方面又规定保卫祖国是每个公民的神圣职责、服兵役是公民的光荣义务,这一条给我们体育工作者加重了法律上的责任。新中国体育运动的目标是为发展人民的劳动能力和巩固国防而服务的。宪法公布之后,我们一定要根据宪法上的精神,切切实实地做到人人有服兵役的思想水平、科学知识和体格条件。我们大家都知道,当前人民的身体健康状况是不够好的。如何使全国人民体格条件提高,这是体育工作者当前的责任。朱德副主席在今年一月下旬中央体育运动委员会全体委员会会议中指出:体育运动现在已经有了很大的成绩,但将来的需要更大,从国防上说,国家需要强大的技术兵种,这就要青年们都有很强壮的身体,要有灵活勇敢、敏捷坚韧不拔的品质。这就说明了我们体育工作者责任的重大。

这个宪法是有关全国人民每个人的切身利益的，也就是每个公民有他一定的义务的。所以我愿全国体育工作者在中国共产党、毛主席和人民政府领导之下，依据宪法所给我们的义务，一道做好我们的体育工作。

（原载《新体育》1954年第8期）

中国人不是东亚病夫

在反动统治时代，我国广大劳动人民在帝国主义、封建主义和官僚资本主义的三重压迫下，他们的健康没人关怀，锻炼身体的问题没人注意，体育运动根本无法开展。而帝国主义者，污蔑性地给中国人民戴上一顶“东亚病夫”的帽子，这已经有近百余年的历史了。

解放以后，党和政府关心人民的身体健康，培养德智体三育全面发展的新人，来更好地建设我国的社会主义。所以党中央很早就提出“改善人民的健康，增强人民的体质是一项政治任务”的指示。毛主席也先后提出“健康第一”，“发展体育运动，增强人民体质”和“三好”等号召，对全国人民身体健康问题予以深切的关怀。同时中央人民政府下又成立了全国体育最高领导机构——国家体委——和各省市区体委等领导机构，并采取两条腿走路的方针，一手抓普及，一手抓提高。前者是开展群众性体育运动，提倡多种多样化的运动项目，一方面适应不同的年龄性别，不同的体格条件，不同的职业等需要，另一方面也为提高运动成绩创造条件。后者从身体全面发展的基础上，对专项运动有基础的人加强专门性训练，来提高他们的技术，目的是提高我国体育运动的水平，并促进它的发展。

十年来由于国家体委和各级体委很好地贯彻了这样两条腿走路的正确方针，促使体育方面继续不断的出现了不少生动的具体事例。

首先，可以举出天津绒毛加工厂开展体育运动的情况作为例子。该厂在解放前工人终日劳动不得一饱，面黄肌瘦，患有不同职业病的竟占 80%，胃病、肺病尤其普遍。解放后情况完全改变了，生活改善，几年来经过经常性的群众性体育运动，职工的健康水平已大大提高了，劳动生产率也提高为 1953 年的 119％，而出勤率也由 1953 年的 88％提高到 96％以上。

还有山西新绛纺织厂并条挡车工赵巧梅，经过锻炼，气力大了，过去只能提 6 个棉纱筒，后来可以提到 8 个。又济南元盛印染厂大闹钢铁生产时，担任运输的 90％是长跑运动员，一次运两吨矿石，来回 90 里只用三个半小时。

从以上三个例子看来，今天的工人阶级参加了体育运动，取得了这样的成绩，能说是病夫么？再看农民们到底是怎样呢？在今天说来，农村体育已逐渐开展了起来，而且有许多省份已获得了巨大的成绩，如辽宁省，通过去年的大跃进，在去年七月，全省 10 个市 43 个县绝大部份已建立农村体协。农民参加广播操及其他体育活动的有 510 多万人，占全省总人数的 31.9％。而且开展的项目一般都在 20 项以上，每个生产队都有篮球、排球、足球、乒乓球的代表队。此外，在广东、福建、湖南等省也同样的开展了农村体育，而且也取得了不少的成绩。如湖南湘潭八斗乡瑶泉社，过去农民虽对农业生产劳动十分积极，但因缺乏体育运动，劳动后腰酸背痛，后来开展了体育运动，在田间做广播操，生产效率就提高了。16 个青年突击队员原来在三月份每人得 280 工分，因为坚持锻炼，在五月份提高到 364 分，最高的达到了 400 分。从这样的农村体育开展情况和获得的成绩看来，能说农民是病夫么？

其次，再从全国体育开展的情况来谈。今年七月间国家体委副主任荣高棠同志在全国工作会议总结发言中谈到，今年七月初全国已有成亿人参加体育运动锻炼，上千万通过劳卫制，群众对体育的认识大大提高，真正感到需要体育。在运动技术方面也提高得很快，至七月份全国运动健将已达 926 人。过去八九年，共打破全国纪录 1 733 次，去年就打破了 810 次。前几年打破了世界纪录 6 次，而去年一年就打破了 8 次。今年头几个月又夺得一项世界冠军，破 4 次世界纪录，打破近 1/2 的全国纪录。从这一段发言来体会，谁都不能否认十年来我国体育运动的成绩，不论普及或提高方面，都是十分辉煌而空前的。能创造这样体育运动成绩的人，能说是病夫么？中国人决不是东亚病夫！

（原载《大众医学》1959 年第 1—12 期）

（四）学校体育

国立中央大学体育概况

本校体育科，发轫于南京高等师范之体育专修科，惟是草创，限于经济，因于人才，拘于设备，因陋就简，不能照理想发展，而体育科之基础，实奠于此，及校改东南大学，日渐增廓，规模始具，至归并本大学后，益加整顿，力求进展，诚以吾校为全国最高学府，地位愈高，责任愈重，故本校体育之设施，非仅谋校内体育之发展与普及而已，尤当进而谋国内体育之提倡与领导，始可，年来国内各大学，时有来函，询及本校体育之组织，行政，与设备等等，平时具复，失之简略，爰述是篇，以供考稽；更希专家，进而教之也，惟限于篇幅，仅就教学上之设施言之，其余各项，容当赓续。

本校体育在教学上之设施，须分三端，述之于后：一、特殊的训练，二、普及的训练，三、课外的活动。

一、特殊的训练

关于此项训练，就其性质，可分两种：(一)造就体育师资者，(二)造就运动员者。

（一）造就体育师资者

国内体育之需要，人尽知之矣，如仅几个人之努力，其效果则不过在一校或一地，收效自鲜，欲望其扩而大之，则非注力于人才之造就不可；此本校之所以有体育系与体育专修之设，对于此科系学生之训练，非仅仅养成一运动员而已，于术科之外，尤需注意于学科，对于体育本身科学，如原理方面，教学方面，生理方面,组织行政方面,建筑设备方面,固应研究,而对于应用科学,如物理,化学,教育原理,统计学,教育心理,尤须具有根底。盖此科系学生,即将来体育界之领袖,以体育为终身事业者,非如此,不足以成就也。兹将体育系与体育专修科之简章,及功课分配,附后:

国立中央大学教育学院体育科简章

1. 体育科

(1) 本科以养成体育专家及童子军教练员为宗旨。

(2) 本校各院学生有志于体育及将来愿任一部份体育事业者,亦得选修本科学程,其选修种类须由本科主任详细审定之。

(3) 本科必修学程,男生一百一十二学分,女生一百二十四学分,其余学分得随意选修而补足之。

(4) 本科学程表如下。

(5) 其他各项规程,详见本大学章程。

体育科学程表

第一学年							
第一学期				第二学期			
学程	时间	学分	预修学程	学程	时间	学分	预修学程
党义	1	1		国文	2	2	
国义	3	2		本科英文	4	3	
本科英文	4	3		数学	3	3	
数学	3	3		有机化学	6	3	
无机化学	5	3		解剖学	4	3	
生物学	5	3		术科	11	4	
术科	11	4		总计	30	18	
总计	32	19					

第二学年							
第一学期				第二学期			
学程	时间	学分	预修学程	学程	时间	学分	预修学程
物理学	4	3		物理学	4	3	
德文	4	3		德文	4	3	
解剖学	6	4		人体机动学	5	3	
改正体操	4	2	（男生选修）	个人卫生	4	3	
急救学	2	1		术科	10	4	
术科	10	4		总计	27	16	
总计	30	17					

第三学年							
第一学期				第二学期			
学程	时间	学分	预修学程	学程	时间	学分	预修学程
生理学	5	3		运动生理	4	3	
体育建筑及设备	3	2		体育教学法	4	2	
教育统计学	4	3		运动评判法	3	2	
体育教学法	6	2		童子军	3	2	
教育心理学	3	3		教育通论	4	3	
术科	8	3		公共卫生	3	2	
总计	29	16		术科	8	3	
				总计	29	17	

第四学年							
第一学期				第二学期			
学程	时间	学分	预修学程	学程	时间	学分	预修学程
童子军	3	2		体育管理及行政	4	3	
体育原理及体育史	3	2		教育社会学	3	2	(选修)
学校卫生与卫生教育	4	3		运动测验	3	2	
教育哲学	3	2	(选修)	诊断学	4	3	
术科	8	3		术科	6	2	
按摩术	2	1		研究报告			
总计	23	13		参观			
				总计	20	12	

2. 体育专修科

(1) 本专修科学生,得以体育为主课,卫生为副课,或以卫生为主课,体育为副课。

(2) 本专修科,修学年限,定为三年,由本校发给证书。

(3) 凡入专修科之学生,不得转入其他各系(在入学考试时,取入大学体育系者例外),又本专修科学生,于大学考试录取后,即得转入大学体育系,其转入他系者,在专修科学分,概不作大学学分计算。

(4) 本专修科,男女兼收。

(5) 除下列体育专修科课程表为必修课程外,另加实习教学四十小时,每二十小时为一学分,如有研究或调查,其成绩经系主任认可,得予以相当之学分,凡修满九十六学分后,方得毕业。

(6) 本专修科学生,除体育系课程,及音乐,英文外,不得选修其他科系学程,惟体育系学生之入体育专修科者,不在此例。

(7) 本专修科课程(女生课程另订):

	第一学期			第二学期		
	学　　程	时间	学分	学　　程	时间	学分
第一学年	英　　文	4	3	英　　文	4	3
	解　剖　学	4+2	4	人体机动学	5+2	4
	个人卫生	4	3	解　剖　学	2+2	2
	生　物　学	3+2	4	急　　救	2	1
	术　　科	1+10	4	术　　科	1+10	4
				个人体操理论(女)	4	3
第二学年	英　　文	4	3	英　　文	4	3
	公共卫生	3	2	运动生理	3+1	3
	生　理　学	3+2	3	社　会　学	3	3
	人体测量与选体育史隔年轮流	2	1	学校卫生与卫生教育	4	3
	教育心理	4	3	术　　科	1+10	4
	术　　科	1+10	4	游戏教育(女)		
第三学年	教育通论	3	3	体育管理与行政	3	2
	选体育史与人体测量隔年轮流	3	2	统　计　学	3	3
	童　子　军	3	2	体育建筑及设备	2+1	2
	诊　断　学	4	3	术　　科	1+6	3
	体育原理与课程组织	3	2	童　子　军	3	2
	术　　科	1+6	3	女生舞蹈编制(女)		
	体育教学法	4	2	医疗操及按摩术	3	2
	学典(女)	2	1	研究报告		

（二）造就运动员者

除专门研究体育，以体育为终身事业之学生外，于其他各学院，各科系学生，在运动有特殊兴趣者，归入“运动班”，与以相当技术的训练及学理的指导，以养成其有运动之习惯，良好之消遣，健全之身心，愉快之精神，展用其所学，负担国家建设的重任，此种训练，并非仅仅为学校争一时之荣誉，而如一般学校，以运动员作活广告之意也，即以游戏运动，作为正式体育功课；此中教材，与“普通体育班”稍有不同，乃按各种运动季，而施以各种运动之方法及规则，而尤其注意运动员在运动上之精神，如在田径赛季，则凡一切体操之动作，游戏之取材，均以田径赛为中心，以一小时作一单元之训练，此运动季一过，即继以他运动季之教材，学期成绩，即根据该学生在该学期中，对于各项运动进步之迟速，练习之勤惰，兴味之厚薄，而定。此种纯洁运动员之养成，拟就学生之兴趣，尽学校之设备，逐渐增加，至普及而后已。

二、普及的训练

除受特殊的训练之学生外，其他普通学生，均须受普及的训练。普及训练之主要课目，为普通教育，以国技副之，本校普通体育，无学分，但为学期的必修。自入学后，以至卒业，每学期，必须选一体育班，新生第一学年，每周三小时，余年则每周两小时。教材为走步，柔软操，器械操，各种运动之预备游戏，及游戏运动（内包括球戏田径赛），每小时时间之分配，以百分之二十为整队与走步，百分之二十五为柔软操，百分之二十为预备游戏，百分之三十五为游戏运动，如此分配四段，但有时因教材之长短，人数之多寡，则其分配亦不妨出入，即偶以四段作三段亦可，总以能使学生得实效有兴趣，而至于普及为是。

本校为选课制，各科系，各年级，除必修科由各科系规定外，选修课目，各科系各学生，都有不同。即其间毕业年限，亦至四五六年不等，人数多寡，亦复悬殊。故对普通体育班次，不能按年级分配，只能用能力分配法。所谓能力分配，即以其能力之高下，以分级次。体能强实，已有相当训练者，为三级，而施以较高深之运动。次为二级，施以普通的运动。又次为一级，施以基本的训练，使其逐渐递升，至毕业前入三级为止。此中升级标准，尚在调查统计研究中，在前如东大清华所用者大都偏重于田径赛，而体育一事，究不止田径赛一门也。如仅以田径赛作标准，则其他如球类运动，器械体操等等，在体育上，各具相当之价值，亦未可偏废。前清华所用之标准，未讲从何得来，至于前东大麦克乐氏所定者，其统计材料，大都来自美国，则美国人之体格体能，与社会上关于体育之环境，与中国未必尽合，则削足就履，可必其不可能。故本校对于标准运动，与升级标准，在未得统计材料与精密试验时，暂缺毋妄。仍以平时上课之姿势准确与否，精神之灌注与否，动作之努力与否，及进步之多寡，以定成绩。更以活动能力之增加与否，运动技能之进步与否，以作升级之标准。（暂时以麦克乐氏所著之各项运动分数表，以作测验学生运动技能进步之标准。）

普通体育完全为一种实习的功课，非实地操习，不足以表现其训练之程序，故关于成绩优劣之考查，同时亦应注意于上课次数者。故本校普通体育，每学期学生无故缺席过五分之一者，则不论其进步速率之如何，均不予及格；即因事请假（病假例外），亦须补习。兹将普通体育规程及补课规程，附后：

国立中央大学教育学院普通体育规程

（一）全校学生，于在校期间，每学期，须修普通体育一学分，但普通体育学分，不在本校原定毕业学分之内计算。预科生，每学期每周上课三小时，作一学分。本科生，每学期每周上课二小时，作一学分。

（二）除修足普通体育学分外，各生于毕业前，须满足本校所规定之最低体育标准，始得毕业。

（三）选修军事教育者，得免修普通体育；惟预科生之选军事教育者，应另行编队，受普通体育最低基础之训练。

（四）凡对国技有兴趣者，得以国技代替普通体育，惟预科生不在此列。

（五）凡被选入代表学校之球队，或田径赛者，于该项运动时期内，得免修普通体育。

（六）因病请假，得医药部主任之证明，给予免操证者，准予免操。此外凡不到班者，均属无故缺席，此项缺席，可于事后补足之。

（七）选习普通体育学生，如无故缺席过一学期授课时间五分之一者，不给学分。在五分之一以内之缺席，而未补足者，每小时扣体育平均分数两分。

（八）补课时间，不得超过一学期授课时间三分之一。

(九) 普通体育上课时,无论在室外室内,冬季夏令,一律不准穿长服。在健身房上课时,不准著硬底皮鞋,违此者,不准上课。

(十) 一学期体育成绩不及格时,必须于下一学期补修,如因成绩不及格,在毕业前不能修足应修学分数者,得于最后一学年或一学期中,准其选修两学分。

国立中央大学教育学院普通体育补课规程

普通体育,原有一定班次,按时上课,冀养成有规律之运动。旋有因故不能到班,准其事后补足,事属权宜,原非得已。乃按已往经验,事无定则,流弊滋多,兹为谋同学切身利益起见,特订补课规程,务各遵守。

(一) 补课时间,不得超过一学期授课时间三分之一。

(二) 一星期中所缺之课,应于下一星期补足。

(三) 每月公布前月缺课次数一次缺课者,须于公布后两周内补足。

(四) 每月只准补课一小时,如同日发觉两补课证者,亦作一时计算。

(五) 补课者,须于上课前,向该课教员声明补课,退课后,方给予补课证。

(六) 上课五分钟后,不准加入补课。

(七) 该班因事暂停时,便不专为补课者,设班上证。

三、课外的活动

关于此项,可分二端述之:(一)课外活动之组织,(二)课外活动之训练。

(一) 课外活动之组织

关于此种工作,须分三项记载之:1.体育会之组织,2.校内比赛之组织,3.对外比赛,分述如次:

1. 体育会之组织

本校范围甚大,包含甚广,学院分布,且跨京沪。故对于体育会之组织,采分治合作制。各学院均有体育会,以体育科总其成。兹将各学院体育会组织大纲录后:

国立中央大学体育会组织大纲

（1）各院体育会，为管理各该院课外运动之总机关。

（2）各院体育会，应组织院内种种比赛，选择优良运动员，组织院代表队。

（3）各院体育会，设正副总干事各一人。

（4）各院代表队，设正副队长及干事各一人。

（5）由各院正副总干事，及各队长干事，组织院体育会。

（6）体育会职员，任期一年，连举得连任。于秋季开学后，改组之，在新职员未产生以前，旧职员须继续负责。

（7）附则　本简章经体育科科务会议通过后，分发各院行之。各学院正式体育会章程，即根据本大纲，就各学院之特殊情形，分别由各学院草定，经体育科订正施行之，以其繁多，删去未载。

2. 校内比赛之组织

对于校内比赛，现已组织进行者，凡两种：即自由结合之锦标比赛，与院际比赛是，前者，由学生自由组合球队，以参加之。后者，以学院为单位，组织代表队，以参加之。利用此种比赛，以提倡与鼓励各学院之体育，此为按时举行之正式校内比赛。关于此种比赛之规程，录后：

国立中央大学院际比赛规程

（1）宗旨　院际比赛之宗旨，可分下列各点：

① 利用运动竞争，养成健全的体格，和人格。

② 利用闲暇时间，提倡正当的娱乐。

③ 利用种种比赛，引起运动的兴趣。

（2）组织　各院组织院体育会，设正副总干事各一人（院体育会组织大纲另订），由各院推选之各院正副总干事，各组院际比赛常务委员会。为最高执行机关，由体育科课外运动指导员指导之。

（3）比赛项目及时季

① 运动会（田径赛为主）　　四月至五月

② 棒球　　四月至五月

③ 排球　　五月至六月

④ 网球　　五月至六月

⑤ 游泳　　六月至九月

⑥ 足球　　十月至十一月

⑦ 篮球　　十二月至一月

⑧ 越野赛跑　　十二月至次年一月

(4) 纪念品

① 凡参加院际比赛之运动员,均赠合摄之纪念明信照片一张。

② 凡优胜之运动员,各给纪念章一枚,并优胜纪念明信照片一张。

(5) 分区比赛　各项球类比赛,分上海南京二区预赛,决赛在南京本部。运动会不分区。

(6) 奖励　凡各院正副总干事,办理各院体育会成绩优良者,特赠绒字校徽一枚,以资鼓励。

(7) 职员任期　各院职员任期一年,秋季开学后,改组之,连举得连任。

(8) 委员会　举行各种院际比赛时,应组织某次运动委员会,处理该项比赛之种种问题。

(9) 附则　本简章,经体育科科务会议通过,施行。

3. 对外比赛　本校已正式加入江南大学联合运动会,其各种比赛,均以学校代表队参加之。对于其他非正式之对外比赛,则就敌队之技能如何,而以学校代表队,或学院代表队或一科系之球队或私人组合之球以参加之。

(二) 课外运动之训练

关于课外运动之训练,由课外运动总指导,及指导主持之,对学校代表队之训练,按运动季以练习之,一如正课,由各队教练教授之,学院代表队,与一科系之球队,及私人结合之球队,由各该队规定时间,自行聘请教练教授之,以上均关于有组织的球队之训练,其关于普通学生课外运动之指导,则每日下午四时后,由课外运动指导,在操场训练之。

(原载《体育杂志》1929 年第 1 期)

初中体育科课程标准草案①

一、目标

(一) 关于体格者:

1. 养成健全之身体,优美之姿势,敏捷之动作与耐劳之习惯。

2. 发达健全之内脏器官,使能发生充分之精力。

(二) 关于机巧与运动技能者:

1. 培养管理身体之能力,使动作有充分的功效。

2. 养成五官并用与判断远近,高低,及速度之能力。

(三) 关于人格之修养者:

1. 涵养个人德性,如统驭力,进取心,勇敢,启发性,自信力等。

2. 发展合作精神,如忠诚,牺牲,服从公意等。

3. 训练高尚之运动道德。

(四) 关于习惯之养成者:

1. 养成正当之娱乐习惯,如以运动球戏等,为课余消遣之方法。

2. 养成健康的生活习惯。

二、作业要项

(一) 教授及练习

① 由袁敦礼、吴蕴瑞二人合拟。

（二）课外作业：

1. 学生自行组织之课外运动。

2. 远足旅行。

3. 校内比赛。

4. 校际比赛。

5. 各种设计及表演。

（三）课间运动。[①]

三、时间及学分之支配

（一）教授时间：每星期三小时，每学期一学分，共六学分。

（二）练习时间：每星期二小时，每学期半学分，共三学分。

（三）课外作业及课间运动，列入平时成绩，不按学分计算。

四、教材大纲

（一）教材内容：

1. 游戏活动：包含球术，田径赛，游戏，溜冰，划船等。

2. 自护的技能：国技，游泳，角力等。

3. 自试的活动：包含垫上运动，重器械体操，及各种技巧运动。

4. 韵律活动：包含各种土风舞，形意舞，运动舞及各种行进。

5. 野外活动：包含远足，旅行，登山，露宿，骑乘，钓鱼，狩猎等。

6. 改正及医疗体操：身体有特殊之缺点，不适于行他种活动者习之。

（二）分级方法：中学校各年级之区分率，以学力为准。惟体育一科之分级，应按下列五种标准：

1. 性别。

2. 身体检查的结果。

---

① 原文为“课间运动：”，疑排印时有内容遗漏。

3. 年龄身高体重。

4. 体能。

5. 技能。

以上五种标准中，(1)(2)两项，尤属必要，因男女学生自十二三岁以后，发育既渐不同，兴趣亦复各异，故男女不可不分组。身体发育不完全之学生与发育完全者同班上课，非但全班学生之进步受其影响，即双方本身，亦属有损无益，故初中学生更宜根据体格检查之结果而分级或分组，其次第(5)项，亦甚需要，盖技能程度不同之学生，合在一组，其结果双方进步均迟缓，兴味减少，时间浪费，为最不经济的办法。故初中方面至少须按以下之步骤而分组：

第一步，先按性别分为两组；

第二步，将各组更按身体检查之结果而再分为两组；

第三步，然后更以技能之高下而分为若干组。

此外，年龄体高体重等标准，在比赛时极为重要，亦应据以为分组之标准，而在平日练习，则可不必顾及，因此三者与技能之相关度甚大，既按技能分组，自可不必另立此项标准也。至于体能标准，目下虽未确定，亦可应用以为研究此项标准之材料。

注：第三步分组办法，得按学校之设备及教师之精力分为三组，各班或保留年级制，或打破年级制均可。

（三）教材之分配

1. 教授时间：

甲组：用第一步方法分出之体格上有缺点组，须按个人之需要，用下列之项目：

(1) 矫正体操；

(2) 适于个人的自然活动；

(3) 选用有改正身体作用之游戏。

乙组：用第二部方法，分出最低组，注重下列两项，以培养技能与提高兴趣。

(1) 各项简单个人及团体游戏；

(2) 自然体操。

丙组:用第三步方法分出之中组,此组学生学习能力较乙组大,故各项教材,如技巧运动、拳术、舞蹈等,均可运用,但仍以增进游戏与运动之兴趣为目的。

丁组:即第三步分出之最高组,注重较高技能之养成,下列各项均可授以集中的训练:

(1) 田径赛;

(2) 球戏;

(3) 拳术;

(4) 舞蹈;

(5) 其他各种活动,如游泳,滑冰等。

附注:各组均应以体育的成绩,养成学生良好的健康的生活习惯。

2. 练习时间:教授时间所授之各种天然活动,令学生自行练习,但须受教员之指导,与正式上课同。

3. 课间运动:每日上午第二时与第三时之间,宜多用自然活动,如机巧运动,自然体操等(如令学生在此时间内,随意活动,没有固定组织亦可)。

4. 课外运动及其他活动:

(1) 每日至少有一小时之课外运动,所有项目,全属教师所教授及练习时所应练习者。

(2) 每学期至少举行团体远足会一次。

(3) 每学期应举行一次运动及表演大会,使全体学生加入。

(4) 每学生在一学年中至少必须加入一种校内运动比赛。

(5) 校内比赛,必须按照年龄,身高,体重等分组。学生加入比赛时,应代表某班、某室等团体。

(6) 校际比赛,不是必须的,如或举行,选手之管理及待遇不得特异,并须受下列各项之限制:

a. 学生同时不准兼充二种以上之选手。

b. 各学科成绩，均在丙等以上者，方准充当选手。

c. 经体格检查证明，得行激烈运动者。

d. 选手必须服从团体制裁，并有良好的运动道德和精神。

五、教授要点

（一）授用自学辅导主义，使学生自己发觉困难之点，再令自己设法解决。教师从旁援助，分析动作之要点，使逐步注意改正。

（二）多采用比赛方法，引起趣味，并可利用各种奖励方法。

（三）训练运动技能，应采用自然体操。

（四）所有一切课内外活动，须互相联络。

（五）各种技能测验，不独供分级之用，并可用以测教学之结果与鼓励学生之运动精神。

（六）武术宜从应用入手，指导适当的动作，并明确各动作的意义，俾知所应用之。

（七）应用教育心理上之学习原则，奖励运动时之美德，纠正不良之习惯。

（八）应有充分的卫生设备，如浴室之类，养成学生卫生习惯。

六、毕业最低限度标准

（一）保持良好姿势，并明了姿势对于身心健康之关系。

（二）明了自己身高，体重，及与标准相差之百分数。

（三）娴熟十五种团体游戏。

（四）能达麦克乐之运动技术标准的入学分数。

（五）娴熟十种舞蹈（指女生）。

（六）娴熟下列球戏中的两种：

1. 网球；

2. 足球；

3. 手球

4. 垒球；

5. 篮球；

6. 排球(队球)。

附注:女生与男生同,惟须按照以上各项,适用于女子的规则,采取各种游戏。

(七) 娴熟一套武术中的基本攻守动作。

(八) 了解一切生活的健康习惯与体格强健有密切的关系。

(原载《体育杂志》1929年第1期)

体育上之相对主张

（吴蕴瑞在清华暑期体校演讲）

清华暑期体育学校、日前约吴蕴瑞先生演讲《体育上之相对主张》、先生曾任中央大学体育主任、近充东北大学教授、对于体育极有深刻之研究、著有运动学一书、刊行于世、将各项运动、用科学方法分析之、体育界奉为圭臬、近更努力于田径运动·体育建筑等书、行将脱稿、预于今秋出版、想届时不胫而走、争观为快、自不待言也（刘海宝笔记）、

体育上之相对主张甚多、就余所见到者、约分三类：

（一）无为主义与法治主义、

无为主义、首例于老子、孔子极赞同之、如“无为而治”、“恭己正南面而已矣”二语、足以证明、即儒家之“诚意正心”“王道”“正名”皆使国家遽于无为而治者也、欲据无为主义从下引两条路解决、

A. 人民寡欲——近来国人、受欧西文明之影响、欲望涨高、而能力有限、经济缺乏、不足满其，欲望、供其要求、不得不铤而走险、年来国人、饱尝兵变匪患、此实一大原因、此老子主张清静无为之旨也、

B. 提高教育——吾国人民、既受欧西薰染已久、影响自深、寡欲主张、一时断难贯澈、故不得不从教育方面、以解决之、盖教育提高、则人民知识高尚、自有节制能力、不受欲之冲动、而行妨害他人之举动、于是民间可以相安无事、不致因欲动而相争也、体育方面、如何可以达到无为而治呢、先以国家言之、国家欲达到无为而治、必须物产丰饶、人民寡少、生活充裕、教育发达、秉政者清高、与

民休养、始可达于无为而治也、否则淫戾之政府、肆其凌虐之手段、驱使人民、供其个人之满足欲望、是终不能达到无为而治矣、反观学校何独不然、学校犹国家也、学生犹人民也、教职员犹行政官也、处处相同、则治国与治校、其法一途、所谓一而二、二而一者也、然而学生、非若人民之众且多也、学生皆受教育者、非若人民之参差不齐也、故教师如以教育为目的者、自己除充实学识外、尚有良好之修养、即学生不施鞭策、当然恭而敬之，不能稍事犯规、何必谆谆告诫、而绳以校规耶、故余之主张、教育应以无为而治、而体育当然以此为归宿、盖体育是教育之一部，是帮助教育成果者、应当训练学生、不犯规则、是出于内心之诚意、不是外面之虚伪、故体育欲达到无为而治之目的、有下列三点、

A. 教材总有教育之价值——对于教材有充分之选择，视其在教育上价值大小、以期达到无为而治、譬如使学生替换赛跑、一法以木棍为制、依次传递、一法以拍手为记、替换前进、同一教材、则后者含有教育价值大、有达到无为而治之训练存乎其间，盖前者、以犯规绳之、使其不易犯、后者易于犯规、而训练使其不犯、又如球戏比赛、刚强相遇、则裁判员虽宽、而犯者仍少，此即无为而治之比赛、教育价值存焉、

B. 教材有施用手段之余地——上课之时、令学生作十五分钟之柔软体操、全体学生、如木偶然、呆然听从、如此教材、有何施用手段之余地、又在游戏时、天性毕露、故其教材能使之为善、亦能使之为恶、有种中性教材、既不能使之为善、复不能使之为恶、是在教育上价值殊少、果有为恶、则教师知其恶、而利导之、则其人仍不失为善者也、

C. 教师须有充分之修养——教师有感化性、能矫风易俗、即上行下效之意、教师有充分之修无、则学生于不知不觉中、达到养为而治之境域矣、

法治主义、始于韩非、其言以为达到无为而治、必先使人民知法之不可犯、然后可以走入无为而治矣、且根本要科罚、根本使其犯法、而后方可、故彼之言、谓“正名去伪、事成若化”、亦即定法律以绳民之意也、又曰“法立而不用”“刑设而不行”即法定可臻无为而治也、与球戏上之规则相同、定出科罚、则其目的、即防止犯规、因为人民众多、良莠不齐、希望人人、不能作恶、以达到无为而治也、

此设余不赞同、根本必须作伪、如何能达到无为而治呢、全国人民、受教育者少、全校学生、皆受相当教育、应使人人有道德、不应设罚、则仅仅禁止学生、为不道德事、故孔子曰“道之以政、齐之以刑、民免而无耻、道之以德、齐之以礼、有耻日格”、是圣人对于全国人民、尚主张以德化民、而不以刑齐之、教育何独不然、体育又何独不然、则用法者、其在教育上价值殊少者也、然则依一定方法之机械式呆板式之教材、根本无存在之必要矣、

（二）功利主义与文化主义——有人谓田赛中之标枪。铁球何用、答者告以可应用于掷炸弹之动作、此说纯系功利主义也、以为学一事、现在即能应用、其误点有三、

A. 不劳力者、可以不必假练身体、

B. 依照功利主义、而选择活动、其种类不多、其范围太狭、有应用者选之、无则弃之、

C. 以功利为目标、不合儿童需要、——如调练军国民教育、教以走步、处处合于大兵式之目标、听从命令、凡此均非儿童之需要、

近代国府要人、褚民谊先生、在三年前倡以“劳工代体育”之说、以为人能劳动、则肌肉发达、身体健康、此说更非教育之学说、盖劳工者、虽肌肉发达、是死板的、其思想是人为的、其精神是不愉快的、体育则不然、是为自己的、身心是最娱快的、又有主张以童子军训练军国民者、殊不知童子军、包括德·智·体·群·美五育、在教育上价值颇大、其目的不同、断不能训练呆板式之军国民也、

文化主义、与功利主义、完全相反、如研究历史、功利主义主张读现代历史、文化主义、则不然、其眼放大、四面八方、皆能见到、书无不读、故其应付环境、措置裕如、体育上活动、亦即本于文化主义者也、古代人民、茹毛饮血、穴居野处、与野兽相搏战、运动自多、身体发达、进至渔猎游牧、逐水草迁徙、日行数十里、再进至农业、春耕夏耘、雨淋日晒、自食其力、无少休息、凡此尚不失运动机会、明身体健全也、迨近年以来、工商业发达、利用小肌肉之活动、而身体濒失上古时之体格矣、则对于体育不能废弛、不特使身体日趋健全、同时尚可训练其道德、以之为教育工具、其价值殊大、无论现时是否需要、皆宜训练、而功利主义、

不能应用于体育上者、想见其所见之不能存立矣、

（三）兴味主义与努力主义——兴味主义——主张此说者、谓凡事一定要有兴味在内、兴味生、则内心欲作、然后想方法、以达到目的、设教材本身无兴味在、虽教师施其压迫力、当时在其淫威之下、勉强为之、不特不易成功、且有妨身心之发育、努力主义——主张此说者、谓世界是最烦恼之场合、在此环境轮转、常有不良之环境阻碍、苟无坚强之毅力、不克成功、不能应付、故必须苦其筋力、劳其精神、锻炼之、以成大事、譬如饮药、虽苦、独利于病也、

此二种主义均有共同之误点、即我与物分离是也、下苦力去作、其成功者、乃身外之物也、如呆板式之柔软体操、儿童不喜为之、教师非用假兴味不可、则虽勉强为之、究何利于儿童、故我与物要同化、如游戏是儿童生活、自己是乐为的、是有兴味的、教师不令作、内心欲作、不用假兴味、亦欲为之、此我与物相同化矣、昔余在美国学童子军时、余师史密斯尝以其所著之书、拍拍作声、因而问之、彼意即自己所著者、兴味浓厚、当时余颇有所感、此运动学即在成著时、每日抄写、未尝或懈、使其努力、有一种目标在、然后是真努力、然后有真兴味、故其兴味与努力、相并而行、同时得来、一定成功的、又如成绩较好之篮球队、对于球术上、基本动作、努力练习、而初学者、则兴味索然、是真兴味、与真努力、未能达到耳、

一九三一・八・记于清华园

（原载《大公报》1931 年 8 月 12 日）

闽省体育之新猷及南游归来之感想[1]

一、定二十四年度为体育年

二、召集全省中等学校校长开体育讨论会

三、规定各校体育经费及最低体育设备

福建省教育厅厅长郑心南先生,当代有名科学家也。自主持闽省教育以来,政绩卓著。先生抱科学救国之宏愿,数年来费五六万金,创设一极完善之科学馆于省会中心,使省会公私立学校就近应用,不必自备科学仪器,其所收效力及节省经费,不言可知。其中,凡上课教室、学生实验室及专门研究室等,无不应有尽有。近且由省会中之科学设备而推及全省切实规定,上年度为科学年,补充各校经费设置,科学仪器,一年以来,已具刍形。见闽省人士之文弱,国民体育之重要,科学设备之外,应扩充体育设备,树推进学校体育之基础,故又毅然定二十四年度为体育年,临时聘请中央大学体育科讲师吴德懋先生为体育督学兼省政参议,会同第三科长唐翼冲先生办中小学暑期讲习会,内设体育组,令中小学教员及社会教育机关派员听讲,邀请该省体育家方万邦先生回闽讲学,方先生因不能全期驻闽,再邀同人等为之襄助。此为同人等闽游之由来。体育组到有男女学员九十六人,所有科目,较诸青岛为切实用。郑厅长乘同人等在闽之便,复召集全省中等学校校长,开体育讨论会,为谋全省体育之推进,而集全省公、私立学校校长于一堂,开专门会议,此实为体育同人与中学校长携手之

[1] 该文由吴蕴瑞、吴澂、程登科三人合著。

创举。在此次会议席上，规定以全校经费百分之一至百分之三为体育经费，学生所缴纳之体育费，须保持独立，不得移用，由校长呈准教厅，再行动用。在本体育年度中，各校务必将最低体育设备置备就绪，得由体育督学督察考成，加以褒贬。郑厅长并深知要推行体育，当以教育人才为先题，故决于二十四年度起，在福州师范开设体育师范班，以为干部人才之造，就足推进全省体育之张本。以上种种，俱为此次会议良好之收获，同人等为中国体育前途计，为复兴中国民族计，更望全国各省起而效之，勿使郑厅长专美于前也。福州驻军除第七师外，尚有宪兵团等，体育场上常见士卒徒手运动，并作球类等比赛，为体育界生色不少。宪兵团团长吉章简先生，在闽政誉极佳，深为人民所爱戴，而对于体育十分提倡，常亲自出马，为士卒模范，责成体育教官邬子斌先生，在该团所豁各队，举行各种球类之循环比赛及全国运动会。据吉团长言："不久将联合军警开一次大规模之军警运动会，以资提倡。"温泉为福州特产，因之福州浴堂林立，到处皆是，其讲究可为国内冠，并闻省会疑设一官商合办大规模之温泉游泳池，以养成人民水上活动之能力。此项游泳池之图样，已由工程师绘就，一俟经费有着，即当开始建筑云。郑厅长非专注重学校体育，社会体育于此体育年中，亦将同时推进，命各县之已设有体育场者改善之，未有体育场者添设之，云云。无论为政为学，办事如有一定步骤，分年计划，无不成功之理。同人等游闽两周，而得此极好印象，深为闽省体育前途庆幸。兹将闽游感想概述如下：

（一）体育界从此大团结

闽省体育指导员林荫南先生，体育界之老前辈也。福建体育之得有今日，先生一手之功。今知体育年内任务之重要，决非少数人之力量所能为功，特以领袖地位，倡体育界大同盟，消除个人私见及学系派别之争，共谋全闽体育之推进，而达复兴民族之天职，其见解之正切，同人等钦佩甚矣。今后闽省体育之进展，皆林先生登高一呼，唤醒迷梦之功也。

(二) 学员之专心研究

在闽省数周,适值酷暑,而各学员每天上午有五小时之学科,下午二三小时之术科,有时夜间并开讨论会,而各学员好学不倦,见疑即问,同人等自愧学浅,而处此情境,实不能不勉为其难,归遂追忆,犹有余乐也。

(三) 临别依依

同人等因尚有镇江及青岛两地暑校之约,不能与诸学员作长时期之检讨,心甚歉仄,而诸学员闻同人等离闽期近,特于十八日晚在福中操场设宴款待,依依之情,溢于言表。此种印象,更使同人等时留脑底也。

(四) 郑厅长对于体育之认识

郑厅长在科学年之后,即继之以体育年,其对于体育之认识,决非常人所能企及,其于体育上之一切设施,均从根本上着想,如体育经费之独立,最低设备之规定,体育师资之造就,各县体育场之增设。更望闽省体育同志,在此贤明长官指导之下,加倍努力,共谋全闽体育之推进,勿负厅长之雅望为幸。再郑厅长主张,国术当科学化,并主张以体育界去研究,从事改造,以达改良之目的。此种主张,与同人等之意见相同,郑厅长之明鉴,实堪钦佩也。

(五) 体育同志当加倍努力

计划,经济,人才三者,为任何事业进展之要素。今闽省体育整个推进之计划已俱,经济有着,于人才亦未可言缺之,三者具备矣。设再不能向前猛进,其责全在我体育界同人。故尚望各同志,利用此机会,加倍努力,以作各省之模范。

(六) 省府长官之注意体育

事业之推进,须有专门家之主持,而在上者之扶协与提倡,尤易收效。闽省陈主席对于体育之提倡,不遗余力,自吴德懋先生受命之后,并面授机宜,一再叮嘱，努力于体育之推进，以挽颓风。省府秘书长张先生在美深造时，即感觉吾国全民之健康逊人悬殊，柄政之后，除切实提倡体育外，并以身作则，研究国术，阐明深奥，此亦不可多得者也。

(七) 对于少数同志不求进步之议处

同人等在闽两周，深感贤明长官之努力提倡，与会学员之专心治学，均使同人钦佩不置者。唯在全省校长体育会议席上，唐守谦科长以大无畏精神，申言此次教厅所主办之暑期讲习会，大多数学校均已遵令派员参加，而参加之人员，其好学不倦之精神，固足欣慰，唯省会就近之若干学校，反如不闻，引为遗憾。同人等本提倡体育之热忱，当起建议，意为苟真有如此情形者，则不知是校长之玩忽厅令，抑为体育教师之不受遣派耶？校长与体育教师双方，必有负其责者，应予深究负责之所在，罚俸一月，以示闽省改进体育，提倡学术之决心，而予玩忽怠堕者以薄惩，其所罚之俸，即作该校添置设备之用。闻者欣起，但未知此项建议，能实现否？又忆此次讨论会上，方万邦先生之言曰："体育是随时代而进化者，并非一成不变，设我同志不随潮流共同进取，则终不免自然之淘汰，共藉'老资格'或相当势力，以维持其地位者，终必至人进我退而致遗弃"。今日三复斯言，益望此建议之实现也。

(八) 民众体育之消沉

闽省体育场范围之大，即在长江流域亦所罕见。惜设备简陋破败，市民亦乏运动习惯，体育上除军警及儿童外，极少普通民众，深望此后有以推进之。福州市之女子矮小异常，弱不胜风，此多愁多病之女子，乃为一般人所爱惜者，此种感念，应予改变。母体不强，遗传子女，其影响于民族体格前途者甚大，幸注意焉。

（原载《体育杂志》1935 年第 1 卷第 3、4 合期）

对于福州镇江及青岛三处暑期体育讲习会之感想及今后暑校之办法与教师训练之要图

一、对本届教授暑期体育班之感想

本年暑假中,全国各地之办有暑期体育讲习会者,共有四处,属省教育厅办者,为福州,镇江,武昌,三处,由协进会办者,有青岛一处。作者应福州镇江青岛三处之聘,在七八两月之间,奔走南北,与华南华中华北各重要省分之体育教员接触,所见所闻,觉与寻常之理想相差太远,方悟平时依理想所办之师资训练,标准太高,程度太深,不切合社会之需要,难免有闭门造车之讥。今以福州之体育训练班学员之资格而论,则知所言不谬。福州此次之学员之资格,大学毕业者可称绝无(大概由于少数有大学之资格者不屑进此会之理由在)。其全体十分之二三,为私立体专毕业生,其余非毕业于高中,即毕业于师范,甚有初中毕业而年在十八岁左右,从未学过体育而亦任教育教员者。若在东亚体育学校毕业,则已觉为鸡中独鹤不可多得。此种情形,一方固由于学校当局认体育为随意功课,任何人可以滥竽,而体育师资之缺乏实亦有以致之也。闽省亦为东南文化先进之地,体育教师之缺乏尚如是,况内地偏僻之处乎?此次福州镇江青岛三处学员之程度,平均当以青岛为最优,镇江次之,福州又次之。因作者在三处均教体育测验一学程,福州学员不能了解者最多,镇江次之,而青岛则较少。然从全国各省之全体而论,则可知一般体育程度低劣,无容掩饰。夫资格与程度二者,不过影响学生之学业,犹属于有形者也,至于品格与精神之陶冶,则影响至大。此次在三处所见之学员,除青岛未能见其日常生活,无从批评外;余如福州镇江皆有令人难满意之处,而以镇江学员为尤甚。最主要者,为不讲礼貌,不修仪表,行为不检点,所谓“望之不似人君,就之而不见所畏焉”之句,真足以描摹。现在一部份之体育教师,其在学校之中,如何能得同事之器重,学生之信仰夫?体育教师为人格导师,青年模范,较其他科教员为尤要。今一般体育教师之修养如是,前途实堪危险。

二、今后暑校课程之改进

各省体育教师之资格程度之不足者,既如是之多,以后暑校之办法及课程,不能不略事改良。第一,全国体育协进会之暑期学校,应分两组。一组为补习组,专收已受过专门训练之教师,课程宜简而新颖,每人择其所需要者学二三种,考试及格,给以证书。另一组为训练组,专收各省未曾受过专门训练之体育教师。全期功课有整个之规定,分为四暑校,学完作为毕业。此与读美国哥仑比亚师范院之教育硕士之方法同。当今体育师资缺乏之际,此法颇为适用。盖从此等教师自身之经济状况而论,可不致抛弃目前之地位,职业不受影响。一方社会上之不致顿时缺少教师。四年之后增加多量之受训练之教师,一举两得。第二为各省暑期讲习会应由各省教育厅主办,设有体育督学者,由体育督学者主持之。其性质一方为补习,一方为讨论下一学年本省进行计划。所设学程,应切实际而合应用;一方应介绍全世界体育上之新学识及新发明。凡全省之体育教师,无须进协进会之体育训练组者,需到会研究,否则作为缺席,得与以撤职之处罚。本届江苏省即采此办法。对于成绩优良者,加以保障,成绩低劣者通令撤职,此种方法,虽属干燥而十分有效。

三、今后体育教师训练之改进

各省体育师资之缺乏及现有师资训练之不完满,既如上述,则今后师资改进之途,为增多大学体育科或大学多增录取名额欤?为改良私立体校欤?抑为各省另办省立体育师资训练所欤?此为目前极大问题。兹愿逐条分论之。

（一）增设大学体育科

欲增设大学体育科，首需增大学体育科师资。吾国创办新教育已三十余年，学校设有体育功课已二十余年，除民国十三年，江苏省设留学体育学额一名之外，二十年来，二十余行省，绝未增设体育留学名额。当今全国提倡体育之际，依然寂寂无闻。吾国人重文轻武之心理，已数千年来深入一般人心中而不可拔，除一二有志者储蓄借贷自费留学之外，以省费或公费留学者，可称绝无。大学体育科师资之缺乏已达极点。故为师资之关系，增设大学体育科为不可能。其次大学体育科须给学士学位，程度须与大学各科系相等，否则程度降低，选课困难，名不符实，受一般大学生之轻视，学校当局所不许，办体育者亦所不愿为。故大学体育科程度之不能降低，事实昭彰。夫程度既不能降低，入学考试不得不严，考试严，一般投考体育者视为畏途，投考者依然难多，虽多设大学体育科，有何用乎？故多设体育科，既无所用之，则广设学额一节亦属徒然。例如，南方之中央大学体育科，北方之师范大学体育科，二三年来每次招考，莫不希望多收学生，多则三四十人，少二十人，除本届录取十九人，可算差强人意外，往年至多得十二三人，少则五六人。师大赖行政当局给予便利，亦曾以续招生闻矣。然始终事与愿违，不能达理想之数，故增设学额一端，除将程度低降外，亦难达目的。

（二）改良私立体育学校

吾国所有私立体育学校，有基金者，实际极少。教员薪金，日常费用，大都出之于学生之学费。故经济困难，为改良之惟一难关。既有一二学校得政府之津贴，是否能用之正当，不得无知。夫私立学校既赖学生之学费以维持，学生之数，愈多愈妙，往往有来者不拒之讥。程度难于提高，理势使然。又因经费关系，教师待遇不能丰厚，程度资格，均圆满者，除非特别热心，愿意牺牲，否则将裹足不前。故欲私立学校改良第一先决问题，政府须给予津贴，第二须办学者热心公益，涓滴归公。此二者一为政府之经济问题，二为办事人之道德问题，恐皆难于办到。故欲私立体校之改良岂易言哉！

（三）省设体育师资训练机关

夫大学体育科之难于增设，大学体育科学额之难于增多已如上述。然即使二者假定有增添之可能，吾国目前之状况，是否需要。从经济立场而论，一大学体育科学生在校四年，以每年至少三百元之数算，四年须费一千二百元，况有多至二千以上者乎。故毕业后之待遇，不能太低，月薪须有多则一百二三十元，少则八九十元，少于此者，即不愿就。作者历年介绍学生，此为多年之经验。试问各省中学校除省立者外，有相当经济能力，聘百元一月之体育教师者，能有几何？故大学毕业生愈多，他日之出路愈少。现在私体校学生贱卖，大学体育科受其影响。无他，社会经济状况不良，犹货物然，品质优者之不易销售也。故为社会经济之立场而论，各省从省立师范中办体育师范班专修科之办法为最佳。万一师资缺乏，亦可委托大学之已办有体育科者附带训练，教育厅专负担其常长年经费可矣。此种体育师范班之课程与学额，可照各省之需要而定，及需要已无，立即停办。此种办法较为切实。

（四）师资之人格训练

以上所论之训练，间为量之问题，尚有较量之问题，更重要者，为品性的训练问题。体育教师，为人格之模范青年之导师，其在学时间，为学生者应如何正心诚意，潜心备养，为师长者，宜如何本身作则直接感化。以后大学生固应注意，一般私立体育学校学生及教师，尤宜注意。中国教育近来缺乏人格教育，体育教师应居先导之地位，为青年模范，则不但体育前途有希望，教育亦有希望。

（原载《体育季刊》1935 年第 1 卷第 4 期）

体育与健康教育之区别及今后之小学体育问题

一、体育与健康教育之区别

本校教育学院之公开演讲，上学期已举行过，专讲心理与教育范围内各问题。本学期由体育科与卫生教育两科教授，担任演讲，本人担任第一演讲。体育与健康教育平常不能分别清楚，往往误体育为健康，健康就是体育的目的，两者不分界限。实则健康教育及体育各有其目标，二者不能混为一谈。美国体育名家兼健康教育专家韦廉士（Williams）曾主张健康教育与体育非同一事业，并主张体育非健康之说。骤闻之似有令人不解之处；实则细细分析，确有真理在焉。健康不能如货物之能测量，健康之程度不能用体育来增加，健康之情况，由健康之行为健康之习惯以维持，亦能由健康行为之反常与健康习惯之破坏而破坏。体育活动之实施，须按健康之方法与条件，犹上课排课表之须顾及健康条件，不得谓之排课表即健康也。是故健康教育与体育各有其领域，不能不分别清楚，兹就两者之定义及范围而分论之。

（一）健康教育

1. 健康教育之定义　从学校及他处，以关于个人或社会之健康习惯态度知识等种种经验，来给予他人之谓之也。

2. 健康之目标

（1）指导儿童少年，使其健康得保持而进步。

(2) 从学校生活培养儿童健康之习惯及指导生活之方法,使其生活丰富,树服务家庭社会而得快乐之基础。

(3) 由儿童之健康教育程序,以影响其父母与其他人,使其健康之态度与习惯进步,如是学校将成提倡健康教育之中心,使家庭社会与学校相同。

(4) 使个人与社会之将来之生活进步,使一代之子孙之健康更进一步,更影响及下数代子孙,使全民族国家进步。

3. 健康教育之事工,可分三端:

(1) 卫生之观察　此项工作,一在环境之状况。如学校之建筑,设备,采光,空气流通及清洁问题;一在个人之活动,如教学之卫生,个人功课分量之分配,均在视察范围之内,学生生活之良否,全视学校当局,教员与视察员之负责与否而定。

(2) 卫生之料理　此项包括最多,如健康检查,传染病之预防,种牛痘,打伤寒针等是也。其他如学校之急救,以及按健康检查之结果,行改正身体之缺陷等,皆在卫生料理之内。

(3) 卫生之指导　此端指卫生之教学,灌输卫生知识,养成卫生之习惯等皆属之,例如食前洗手,寝室开窗,使儿童明其理由,贵照法力行,养成卫生习惯。儿童入校,应检查手指,视察衣服,均为养成卫生习惯之极好方法。

综观以上三种事工,完全与体育之程序不同,故健康教育与体育完全为两事。

(二) 体育

体育对健康教育之维持,生活之态度,及生活之健康等,均有重要之贡献。但健康教育之范围,则尽限于上述之三端,健康教育之目的亦尽在此范围内达之,不能逸出其范围而外求诸体育也。故健康教育之教学,不能以疗病体操替代之,例如肺病,天下无一种可疗肺病之体操,而免痨教育,端赖绝灭病源,公众场所禁止唾吐,及生活方法之改善。健康教育注重健康,而体育目标则绝非健康,乃在发达个体也。

1. 体育之定义　体育乃藉大肌肉之活动以实施身心整个的教育。

2. 体育之功能

(1) 发达身体内各系统之器官　如循环系统消化系统呼吸系统排泄系统及神经系统是也。

饶权斯(Rogers)谓韦廉士所称之发达身体各系统之目的,即是健康,与韦廉士体育与健康无关之说,似有矛盾之处,不知两人对健康所下之定义,根本不同。饶权斯以身体各系统之发达为健康,不知身体发达之人与未发达之人,同饮污水或入传染病之地带,两人消化器之受侵害之机会与得传染病之机会,完全相等。受体育训练之人而不讲卫生,则其健康之破坏与常人等。足证健康之存在,全在卫生,不得谓各器官之发达即健康。盖体育不能培成一种普通之抵抗力,以抵抗疾病。抵抗力系属特殊的,由遗传及后天接种而来,即由健康教育培养而成也。若谓体育之功能即培养健康,则消极方面之抵抗力亦能由体育养成矣。岂非大谬不然。

(2) 发达普通脑肌系统及基本机巧

① 空间时间作消遣活动之机巧　此项包括各种游戏活动竞技活动,类多属性之所好,即成人亦好从事练习之。

② 保身体安全之机巧　在交通发达之国家,城市之车辆必多,儿童须具避免车辆冲撞之技能,在客观方面为判断距离速度,在主观方面为身体应时之机巧,如忽然停顿,奔跑腾跳等,当然在此基本技能之内。

③ 审美之机巧活动　是为数种跳舞活动,由实用之观点批评,不见有何种运动器官之机巧在其中,然有关审美之性质可资欣赏。

④ 护身之机巧　如我国之拳术、摔角等。

⑤ 游泳之机巧　一般体育家以为不但有实用,且有娱乐及欣赏之作用。

(3) 发达对游戏之态度　游戏非专为活动已也,同时有心地之表现。游戏之时,若注意锦标,则胜者之满足在锦标,败者之精神沮丧,游戏之真愉快失去,故游戏为发展个人生活之力量,利用余暇,采取消遣之方式,使个人之身心受教育,其目的非为健康。

(4) 训练品格　游戏之精神,运动之道德,坚忍之毅力,奋勇之魄力,皆从体育养成。

总以上四端,体育与卫生教育之功用,根本不同。从前以健康为体育之目的者,未明了此旨也。从前以改正体操为惟一教材,即误认此目标而然。理论之错误,影响方法与活动之选择,方法与活动之误用,发生相反之效果。研究体育者不可不慎。

二、今后小学体育问题

二十年前,本人在中小学时代,学校体育多以日本式体操作中心教材,当时一般体操教师并不了解体操之功用及目的,恐连日本人亦不知之,因从前之日本体操为瑞典体操之变相,瑞典体操之来源,有其政治上之背景,即在一千八百零八年间,瑞典受俄国芬兰之侵凌,有志之士如凌氏,创瑞典体操,用以操练民众之身体,养成军国民之资格,一方为纠合民众之工具,作外抗强敌之基础。日本人抄袭之,一变而为日本式体操,原不甚合理,而从前吾国人重复抄袭之,更堪发噱。迨民国初年迄今,美国体育输入,提倡游戏运动,从前之日本体操,除边省偏僻之乡,各处已废除不用。教育部最近编辑之小学体育教材,亦注重游戏及韵律活动,彼含有军式而呆板之体操,占极小部份,原甚合理。但最近国内因政治与外交关系,体育之目的,又不得不偏向整备军事一方面进行。体育与军事打成一片之主张,日后将由敝科程教授向诸君发表,聆悉之后,必有以为小学体育应复二十年前之旧观者,本人不得不有所解释,以明小学体育之方针。

(一) 教材问题

小学体育,即儿童在学校之内之体育,欲明儿童体育,不能不明儿童心理。体育方法与教材若违反儿童心理,不但无益,且又害之。

1. 好动之趋向　儿童自脱离襁褓,能独立行走,除食卧时间之外,无时不动,好走跑跳滚爬推攀悬坐立推拉,此种倾向,心理学家称之谓自然之倾向,乃发之于自然,不能由强迫来也。若令其静坐若干时,静立若干时,或迫其跳若干次，则逆其自然之趋向矣。故小学体育活动，含有强制之性质者，与儿童本性相违者也。

2. 儿童对于游戏兴味之变迁　上所述儿童之心理，不能强迫，不受拘束，同时儿童对于运动之兴趣，亦并非固定者。大概儿童各时期之兴趣，其变迁如下。

（1）在婴儿时期，对于视官听官及触觉上之各种游戏，多所好之，同时普通身体之活动，两手取物，喉头发声，亦随其性之趋向而发达。惟其反应粗而且随便。在七岁以前，儿童随便游戏，对于玩具发生兴趣，模仿与想象为新发生之要素。

（2）在七岁至十岁内，由独立游戏近而好有比赛性质之游戏。如跑跳掷打爬，团体表演，搜集物件及储蓄物品。

（3）在十至十二岁，好多变化之游戏，因天性趋向之外，更加以阅读及谈话而来一种心理之活动，球类游戏及跳绳等游戏之竞争，结果能力发展至快。又其与他儿童结伴之性，足以启发冒险之性，此为近年最重要之发现，小学体育所选用之活动材料，须依照此步骤，则合于儿童之兴味变迁之趋向，因势利导，事半功倍。

3. 儿童机巧发达之程序　儿童对于运动之兴味，既如是变迁，则教师应乘其兴味之发现，用合宜之教材以发展之，以发展其身体，训练其技能，发展其个性。若过一时期而不用适当之材料发达之，则缺一种训练。例如十二岁之际，好做追逃之游戏，若不用追逃之游戏使之发达，则追逃之技能与追逃有关系之内脏各种功能，皆无机会发达。故儿童各级之游戏，好尚之趋向，为可贵之发现，教师应细心观察而加以训练。

4. 儿童机巧发达之顺序　儿童之机巧逐渐发达，较难之高等活动，无法及早学成。据韦廉士之观察，儿童机巧之发展，有以下各种顺序。六至十一岁为活动时期，十至十二岁为发达技能时期，十二至十五岁为团体游戏时期，十六岁以上为发达速度时期。小学生实为活动时期，即其时天性好自由活动，做普通之合于各期所好之游戏可矣。机巧未到之时，而欲其做难而快速之活动，势有所不能。

根据以上三端，儿童体育确有其合理之教材，断不能因整个体育目标之转移而小学体育之教材有所更改。换言之，今后之体育趋向军事之整备，而小学体育断不能整备军事之活动。倘违其个性如以往之小学体育专用体操走步为中心教材，则在班上所学习者为一事，而课外所练习者又一事。所谓小学体育，当顾及儿童课外课内、在校在家之一切身体的活动。课内所教之活动，不能作课外家庭学校一切课外时间应用者，不得为合理之教材。

（二）时间问题

儿童除饮食睡眠上课之外，所有余暇皆可称之为广义的体育时间。据美国体育名家吼善灵顿（Hetherington）之意见，体育活动应包括校内校外一切之游戏与工作，故体育之时间即其余暇之时间。实际上身体健康之儿童，除睡眠九、十小时，上课五，六小时，饮食一小时外，尚余六，七小时，皆为其体育活动之时间。此种时间如何利用，关心小学教育者及家庭，应有以解决之。其最良之方法为投其所好，教以合宜之活动，俾其随时练习。

（三）设备问题

儿童体育活动时间之长，既如上述，则在此长时间内，在何处活动，乃是问题。吾国体育，系最近提倡，所有各小学之体育设备及场地均极窄小，不但城市镇为然，乡下亦如是。乡村之间尚有空旷之地，田野之间，儿童随意活动，至于城市之间，则儿童除在学校之空地上活动，余无容身之地。故小学校应在学校校舍空间之地，多设运动器具。课外及星期日皆开放，则儿童各得在其游戏之所。否则，或将游戏于街道上，发生极大危险，故城市小学不可不注意及之也。以上三问题，为目前小学体育教师及小学校长均须明了而谋所以正当解决之。

（原载《国立中央大学教育丛刊》1935 年第 3 卷第 1 期）

为此次本校运动会告全校同学书

近年来，复兴民族之呼声，甚嚣尘上。要知复兴民族，千端万绪，复兴民族体魄，为其中重要节目，谁也不能否认。虽然民族二字，是指中华民国之全民而言，复兴全民族之体魄，谈何容易，初步工作，在唤起全民之觉悟，使人人有努力操练之决心，然后从事普及，乃能有成。诸同学在最高学府，居全民之先觉地位，此唤醒提倡之工作，努力实行作全民表式，非从诸同学本身做起，其道何由。此次吾校之运动会，令全体同学参加，不啻为仕者之行宣誓，信教者之受洗礼，亦有听以鼓动运动之空气，树复兴民族之基础，其意义极重大。况我国强寇压境，四省沦没，新亭风景，宫门铜驼，又复为国人所悲欢，此次诸同学之参加运动会，正如刘锟之闻鸡起舞，祖逖之渡江擎楫，陶侃之朝夕运甓，其意又益深长，诸君盍兴乎来。

（原载《国立中央大学日刊》1935 年 4 月 27 日第八届运动会特刊）

我的纪念南高

我是南京高师体育专修科第一届毕业生,又是东南大学体育系第二届毕业生,现在又在中央大学体育科任教。我对于此校此科的关系,可以说是很密切的了。但是我所爱的是南高,我常常纪念的也是南高。现在南高老同学发刊二十周年纪念册,我愿借此机会,把我爱南高纪念南高的理由很简短的说一说:我所说的,是现在环境和现在教育的环境刺激我而然。我的理由是,现在的环境是恶劣的,虚伪的;现在教育也是虚伪的,有没有精神的训练,道德的教育,很成问题。我当日所求学的南高,恰恰与今日这种现象相反。当日南高的校长,是江易园先生,他是讲诚意正心知行合一的学者,也是个诚意正心之修养家,与知行合一的实践家。加以其时上下相见以诚,没有什么隔阂,校长的精神,也很能直接的感动学生:本人就觉得受他的感化不少。居现在的教育环境,来回想当初,真是有天壤悬隔之慨。这种情绪,迫我爱南高,纪念南高。

(原载南京《国风》1935 年第 7 卷第 2 期)

江苏省中等学校体育讲习班教材摘要：器械操教材

第 一 教 材

一、低单杠

（一）上至前正撑，右（左）足蹲杠于右（左）手外方，即向右（左）正腾越下。

（二）由前正撑，右（左）足从右（左）手外方，蹲于杠上，即向右（左）背腾越下。

（三）上至前正撑，回半圆向前下。

（四）向右（左）正腾越下。

（五）右（左）手反握，左（右）手正握，向左（右）俯腾越。

（六）上至正坐，即向前推下，愈远愈妙。

（七）上至右（左）足由双手中蹲于杠上，即向远方下。

（八）同七，惟换双足行之。

二、双杠

（一）双腿绕半圜向右（左），上至外侧坐于右（左）杠上，即转圜四分之一向左（右）至俯卧撑之部位，双手握左（右）杠向后推下。

（二）上至侧骑坐于右（左）杠上，即向右（左）背腾越下。

（三）上至内侧坐于右（左）杠上，即腾越振至侧骑坐于左（右）杠上，向左

(右)背腾越下。

(四) 跑前进,握双杠,向右(左)行背腾越。

(五) 上至侧骑坐于双杠上,即腾越振至侧骑坐于右(左)杠上,向右(左)背腾越下。

(六) 跑前进握双杠向右(左)背腾越,同时转体四分之一向左(右)。

(七) 上至外侧坐于右(左)杠上,即以左(右)腿绕半环向左(右),至侧骑于双杠上,向右(左)背腾越下。

三、垫上运动(低跳高架)

(一) 以右(左)足行一步跳,如跳栏然。

(二) 左(右)足单跳双落。

(三) 双足跳。

(四) 单跳双落,同时双臂向左右上举击掌。

(五) 双足跳,同时双踵相触。

(六) 单跳双落,双臂下伸于背之后方击掌。

(七) 左(右)足单跳双落,同时双腿前举与分开双手拍足。

(八) 双足跳,同时两手在大腿下拍掌。

(九) 跑前进至起跑之点,身体向左(双)转四分之一,向双(左)翻过架。

(十) 双足跳,分腿过架。

(十一) 由双(左)后斜前进,双足跳过至远方,复跳回至近方,终跳过至远方。

(十二) 由架之后方,向前行多次双足跳以右(左)胁向架,向右(左)跳过架。

(十三) 右(左)足单跳双落,转体四分之一向右(左),同时双腿在空中分开合并落地。

(十四) 由架之后方,左(右)小腿屈,右(左)足尖托于左(右)手上,以右(左)足向前行多次单足跳过架。

(十五) 从架之右(左)后斜前进,以右(左)足行跳足剪绞跳。

(十六) 从右(左)后斜前进,以左(右)足单跳双落,同时转体四分之三向左(右)。

第二教材　器 械 运 动

一、单杠(低)

(一) 上至前正撑,向前过回半圜,即由双手中向后回一圜于杠下即下。

(二) 正握将一足立地上,另腿向后举,即极力向振前,向后回一圜下。

(三) 由正握立之部位,双腿速向前举近杠即短振下。

(四) 上至前正撑之部位向左(右)正腾越下。

(五) 上至前正撑左(右)向右(左)绕半圜至左(右)手外挂腿撑之部位,向左(右)转体二分之一,右(左)腿伸直从杠经过,至面向杠后前正撑之部位,向后推下。

(六) 上至前半撑,身体向后摆,立即至两脚蹲于两手之外方,向前短振下。

二、垫上运动

(一) 双足连续向前行多次跳,每次跳起时,双腿展开,同时双臂向左右手举,落时双腿还原,双臂下垂。

(二) 双足向前连续行二三次远跳。

(三) 右(左)足跳,同时双腿前举,以双手拍足尖,如此行数次下。

(四) 向前直腿手足行。

(五) 双足连续向后跳。

(六) 双足连续曲折跳。

(七) 向前作蛙跳,双腿在臂之外。

(八) 同(七),但双腿在臂之中。

(九) 双足向上跳,同时小腿后屈,以两手拍两足挺胸,如此行数次下。

(十) 向后滚翻一次。

(十一) 全蹲之姿势,前手握足,向前滚翻一次。

(十二) 全蹲之姿势,前手平举,向前滚翻一次。

(十三) 全蹲,屈体向前扑,至俯卧撑部位,两臂即屈伸二次,再向前行蛙跳。

(十四) 侧滚翻多次。

(十五) 头手倒立。

三、双杠

(一) 上至外侧坐于右(左)杠上,转体四分之一向左(右)至俯卧撑之部位,右腿经过近杠绕全圜,左腿亦经近杠绕全圜向右,即向后撞下。

(二) 向左(右)俯腾越,加以向(左)右左(右)行绕圜之动作。

(三) 同上,加双腿向外绕圜之动作。

(四) 上至中侧撑,即于双杠之中部,向后剪绞绕圜,即向右(左)背腾越下。

(五) 在双杠之近端,右手握左杠,转体二分之一向左,同时上至中侧撑之姿势,由右杠之近端腾过双杠下。

(六) 分腿腾上至侧骑坐于右杠上,腾越振经中侧撑之部位,至侧骑坐,如是三次,至杠之远端,向前推下。

(七) 在杠之近端行单腿向外绕圜。

(八) 先以左(右)腿向左(右)杠外继续全圜,随即以双腿同时向外绕过双杠下。

器械运动教材三

一、单杠

(一) 短振比高。

(二) 从前正撑之部位,双腿向左(右)绕半圜至后,正坐于杠上,向前推下。

(三) 向后回圜上至前正撑短振下。

(四) 单挂腿至前正撑向前回圜下。

(五)上至前正撑之部位,向左(右)转体二分之一至后正坐向后回圜下。

二、双杠

(一)上至侧骑坐于右(左)杠上,向左(右)正腾越下。

(二)上至外侧坐于右(左)杠上向左(右)正腾越。

(三)分腿腾上至侧骑坐于左(右)杠上,向右(左)正腾越下。

(四)上至侧骑坐于左(右)杠上,转体四分之一至俯卧撑之部位,向左(右)正腾越下。

(五)同上,蹲腾越下。

(六)双腿向外绕全圜过一杠。

(七)单腿向内绕全圜过一杠。

(八)左(右)腿向左(右)绕过左(右)杠继续右(左)腿绕过右(左)杠下。

三、垫上运动

(一)向前滚翻两脚交叉转体二分之一向后滚翻。

(二)头手倒立向前倒,继续滚翻一次。

(三)向后滚后举腿挺胸倒立即下。

(四)鱼跃比远。

(五)一人直坐握背后一人之手,后一人从前一人之肩上跳过。

(六)两人相对而立,一人向前滚翻,另一人从其两腿间鱼跃过之。

(七)双人向前滚翻。

(八)钩臂翻身。

器械运动教材四

一、高单杠

(一)左(右)外单挂腿上,左(右)腿向左(右)绕半圜至前正撑,向前回圜下。

(二) 左(右)内单挂腿上,即挂腿短振下。

(三) 上至内挂双腿悬垂之部位,向前后摆,乘摆向后时,即行向前回圜上,至后正坐向前推下。

(四) 向前回圜上,至后正屈腿撑之部位,即行短振下。

(五) 向后回圜上,转体二分之一至后正坐,向后正腾越下。

(六) 单挂臂上短振下。

二、双杠

(一) 在杠之近端行直膝蹬足上。

(二) 在杠之近端行分腿蹬足上至侧坐于双杠上,向前回圜再至,侧骑坐于双杠上,向右(左)俯腾越下。

(三) 穿腿上至俯卧撑之部位前左(右)背腾越下。

(四) 上至侧骑坐于杠之远端向前行翻下。

三、垫上运动

(一) 膝肩倒立。

(二) 头手倒立,鱼跃过之。

(三) 膝肩头手翻。

(四) 头手翻。

(五) 分腿腾越过人(另手向后托臂)。

(六) 三人鱼跃。

(七) 蹬足跃起。

器械运动教材五

一、单杠

(一) 摆动向前回圜上,至后正坐。

（二）屈臂振身上至前正撑，即短振下。

（三）双挂臂上至前正撑，向前回圜下。

（四）挺胸蹬足上。

（五）反分挂腿上。

（六）膝膝回圜。

二、双杠

（一）向后振身上，俯腾越下。

（二）上至后正坐于双杠上，向后回圜下。

（三）双腿向右（左）绕过一杠。

（四）双足上。

（五）上至仰卧撑之部位，向左（右）旋身腾越下。

（六）分腿腾上，向前手行收，及杠之远端至俯卧撑之部位，向左（右）旋身腾常下。

三、垫上运动

（一）分腿腾越过背。

（二）倒立。

（三）鱼跃过木马。

（四）木马上头手翻。

（五）双人互助向后翻身。

（六）由助跃台上跳过高木马。

（七）助跃台上向后翻身。

（原载《体育杂志》1935 年第 1 卷 3—4 期）

体育之前观与推进中小学之体育

吾国提倡新体育，已二十余年于兹矣。始而注重兵操，继而趋重改正体操，继又注重游戏及竞技运动，往往闻欧美先进诸邦之潮流而进退，未尝审查时势求适合本国之需要。今则列强竞扩军备，巧造杀人利器磨牙削齿，待机而动，时急矣。鲸吞虎噬，欲壑难满，强寇压境，有灭此朝食之概，国危矣。此种非常时期，凡国内一切设施，莫不应向救亡图存着力，教育然，体育亦然。故今后之体育，不能采希腊之审美主义，不能如美国之偏重消遣目的，应训练团结牺牲之精神，坚韧不拔之志气，奋勇冒死之魄力，从球戏、器械、游泳及他种有用之活动中，养成军国民之基本技能，此其一。吾国地大人众，救亡图存，谈何容易？非尽全民之力挽救之，难收效果。故欲从体育一端着力救国，体育不能有罗马之戏剧式之色彩，不能有美之两队人比赛，数万人坐观之贵族式气味。吾国所需要者，乃系平日全体人民参加之体育。吾国体育提倡二十余年，以往皆偏于少数人之活动，未能臻普及之程度，以后宜另辟途径，提倡有正确目的之体育，发展全民体育。其入手之方法，厥为普及中小学体育。欲谋普及，不得不讨究推进之方式。据管见所及，当分以下数端：

一、使校长对于体育有信仰

吾国旧俗，重文轻武，家长送子弟入学，莫不希望其多识字，多读书。一般为中学校长者，多数属谦谦君子，尚文轻武。一方亦因一般家长之心理，不能不鼓励学生多识字读书，毕业以后能考取有名大学及中学。此种风尚，仍不脱前清科举时代之气味。此种教育之趋势，实不能应现代之世界潮流，更不能应付目前之非常状态。盖目前非常状态下所需要之国民，非能文而身体羸弱之国民，乃活泼勇敢奋发有为之青年。此种青年，非从小学树其基础，中学努力训练，其道莫由！校长为一校之主，使校长而热心，对于体育有信仰，则一切对于体育之优良设备，皆将轻而易举。反之，即体育教员十分努力，校长亦将多方掣肘。张伯苓先生有言："校长对于学校体育之责任最重，一校体育之不发达，校长之责任最大。校长应明了体育之重要，若对体育不认识，即不配做校长。"张先生之意见，盖一方感于局势之紧急，不得不急起直追；一方亦以一般中小学校长对体育漠视，欲藉激烈之言论，以刺激任校长之人。故以后省市教育行政当局于选派校长时，宜注意其是否对于体育有信仰。如无信仰，即不得委为校长，果能如是，则任校长者，皆将为热心体育之人，体育自易于发展。

二、聘优良之体育教师

吾国之体育师资训练机关，除南京中大体育科、北平师大体育科、河北女子师范学院体育科、北平女子文理学院体育科、中央国术馆体育专校及广州省立体专之外，余皆为私立体育学校。是等学校因迫于经济、设备简陋、师资缺乏，招收之学生多，入学之程度低，训练之时期短，毕业学生往往只能表面上一二种技能，常识不足，程度不齐，为学生所轻视，因之上课之时，不能俨然以教师自居，与学生勾臂搭肩者有之，随意戏谑者有之，为保全地位起见，请运动员看影戏、吃馆子者有之，甚至与学生共行呼卢喝雉者亦有之。一般教员所不做之事而此等缺欠资格之体育教员，能无所不至而为之，焉望其能负严格训练学生之责哉？然而，因其求学抄捷径，栽培之费轻，愿得薄俸，大学体育科毕业者，至少非七八十元一月不就，而此等教员五六十元可矣。一般校长对体育抱敷衍主义者，往往利用之。所谓"乐得便宜"一语，实贻误青年体育之训练至巨。体育教师为新青年之导师，人格之模范，其重要性比一般教员为大。盖一般教师不过从事知识之教育，而体育教师则处处含有人格教育之责任也。是故体育教师不得不聘品性道德高尚，学问技术渊博之人充之。欲达此目的，惟有省市教育行政当局,行检定一法,留其优者,去其不及格者,托训练师资有成绩之机关,代为补习而补行训练。

三、增高体育督学之权限

寻常省体育督学只有视察之责任、批评之职权,不过能间接促进所属各校之体育而已。一旦遇顽固之校长,节省经济,聘不合格之体育教师,体育督学一无办法。故体育督学应有向各校校长建议进退体育教员之权,乃能矫正积弊。本年暑假江苏教育厅举办暑期体育讲习会,将治学不努力、考试不参加之学员,或令停职,或加警告,实为切当而有效之办法。以后各省如能照法执行,体育教师可得鞭策之助力,历来松懈敷衍之旧习,可以扫荡尽净,于推进体育大有裨益。此外,尚有监督各校体育经费等,亦应在其职权之内。

四、确定学校体育经费

吾国学校体育经费,向无预算。即二十一年全国体育会议有将学校全预算之百分之三作体育经费之规定,恐各省照行者极少。按向各学校调查所得,各校所赖以推行体育者,只学生所缴之体育费而已,而又大半用之于为少数运动员做运动衣,比赛时之车费饮食等。故体育设备经费无着,对于大多之学生(非运动员)以不需设备之体操或游戏敷衍之。结果一校多数学生,不能得体育正当之训练,岂非大背提倡体育之本旨?故以后各校造具预算,应将体育经费列入,如本年暑假福建教育厅令省立中等学校将全年预算之百分之二为体育经费,同时亦令各校将收学生之体育经费所得之数,呈报教育厅,其用途由教厅核准。各省能照法试办,则以后学校之体育设备方法,可较有办法。

五、扩充学校体育设备

上节所述体育经费之确定,其根本理由在扩充体育设备,因体育上有用之活动,足造成活泼青年学习军事之基本技能者,皆须有体育之设备。例如,器械运动须有器具,球类运动须有场地,无需设备与场地之活动,只有徒手体操。此种运动作补助运动则可，作主要之运动则不可。因其无训练身心、操练技能之功用也。故一学校无体育设备者，谓之无体育，可也。

六、施用教部所公布之体育教材

教育部为统一全国体育教材起见，请专家编订中小学体育教材，各种活动分配之分量，活动之种类，皆按照教育部之课程标准而定。体育教师若能用此种教材教练学生，定能同他种教育程度培成有为之国民。省体育督学视察之时，应指定其中活动，令教员当场试教。一方任指一部份，考其书中学来之技能。如是则教员不得不按书而教，学生亦不得不做，规定之教材，自能照用矣。

七、确定体育给分标准

体育给分标准，据作者所知，各校尚无一定客观标准。寻常往往由教员主观之判断，随意给分。成绩往往亦随教员对于各学生之爱憎而上下，多给不足以劝善，少给不足以罚恶。故确定给分标准，实为推进体育之重要工作。据作者研究所得，给分应分数部份：

（一）为田径运动之成绩，应占全体分数百分之二十二至三十。小学高年级可用推六磅铅球、五十公尺跑、立定跳远、跳高四项。中学可用跳远、跳高、百公尺、八磅铅球四项。按其年龄与体重、体高之指数而算其应得之分数（参考东南大学所出之《运动技术标准》及第二卷第一期《体育季刊》竞技运动工率之测验。）因中小学生年龄、体高、体重三者，每学期增加，其应得之分数亦每学期增加。故中小学生每学期之成绩须每项有进步，才得及格。且教员得在开学之时，先就其目前之年龄、体高、体重算其应得之总分，而告以及格之四项成绩之标准。如是平日学生不得不努力，否则其不及格者，不能归罪于教员之有偏见也。

（二）球类游戏之分数，应占百分之二十至三十（可与田径赛合为百分之五十至五十五）。此类分数，可以参加一种球类之校内比赛及查验该球类之一两种之基本技能，以定其优劣。

(三) 器械运动养成战斗技能,各校应努力提倡。每学期所考之动作,可就其平时所教之动作选出,事前先行公布,至大考时或平时考试之分数,应占百分之十二至二十。

(四) 品行与努力之百分数,此由教员主观定之,占全体百分之三十。

八、规定校内比赛程序

校内比赛之功用最广:(一)足以发达儿童之身体;(二)发达领袖才能;(三)发达运动家之德;(四)使每学生每学期有一种所好之游戏。其组织之方法如下:

(一) 选择运动　在秋季始业之时,每一学生给以下列之一表:

秋季 (九、十月)	冬季 (十一、十二、一月)	春季 (四、五月)
小橡皮球(或足球)	篮球 手球	棒球 田径运动
越野跑	(二、三月) 排球国术角力	游泳

以上表列之游戏,不过为假定,倘有他种游戏,亦可加入,可由其设备及其他便利而改变。每一学生须每学期选一种运动,一年三季,每季一种。此表由学生自填,但一种运动开始时,欲改选他种者听,因自觉合宜者参加之较为有味也。若一学生身体发达,技能高超,足有代表队之资格者,则可免其参加校内比赛,同时可选为教员之助手,助理校内比赛。

(二) 组织队伍　儿童将上表填定之后,教员评阅一遍,每级每种球类共有几人,于是按人数组织队伍,每队之力量最好相等,每队举队长一人,教员可不时训练队长并指导其方法,间接教其他队员,在正式上课之时,教员发各种技能及阵法及规则等。

(三) 训练基本技能　在一种运动开始之前,须经过二三星期之基本训练,并讨论规则、发达技能、方法等,队伍组织完毕之后每级之队伍可以比赛,用循环方法较妥,因使一级中之各队得有比赛之机会也。

（四）班级比赛　班内比赛者，一班中各生须参加。比相当次数之后，每班由队长选出代表队一队，或第二队一队，与他班代表队或第二队各自比赛。

（五）级际锦标比赛　每级之代表队及第二队比赛，用循环比赛或淘汰比赛，但须于一星期内比完。因此非主要之比赛，不应多延时间，使少数人比赛，多数作壁上观也。

（六）奖品　每种运动之冠军及亚军，均宜给奖品。奖品之价值不宜高，最好由学校备旗，每季每种一面。将得胜之队名编于旗上，如是数年之后，儿童对于各项运动皆曾参加，兴味自富，则毕业之后，自有运动之习惯矣。

九、确守体育不及格不得毕业之规定

儿童教育为身心整个教育，非专为心之教育也明矣。他种知识学科不及格则不得毕业，体育功课不及格乃偏得毕业，不啻认儿童的教育专为知识教育，岂非大谬？若体育不及格而得毕业，显示体育为随意功课，学生平日焉得而注意之？故体育不及格不得毕业一条，欲推进体育不可不严厉执行。最好由教育厅通令各学校实行，同时派体育督学加以监督。

十、会考加考体育

自各省中学实行会考以来，各省未尝体育考试。其错误与体育不及格得毕业之举同，而其流弊亦无二致。故望教体育当局一考虑焉。

以上十条，作者认为目前推进教育厅应注意之点，事实上虽有不能见诸实行之处，惟望热心体育者，就可能范围之内设法一试之。

（原载《江苏教育》体育专号1935年新第4卷第12期）

公立学校之测验与测量程序①

几年前,体育上之测量,罕用测验之方法。关于此点,可说吾们是守旧者。即使曾有过分要求过早先之测验,但其用途既不明了,又未见区别。

在过去十年中有许多测验发明出来。有一部份加以充分留意,觉犹未臻功用之境,但可以认为真有特别之用途者其数渐渐加大。从教育方面看来,测验之所谓有用者,即体育教员用之而对于学生有较大之助力之意也。每一测验之特殊用途及限度应知之,而所以利用之者,因其对于一目的有充分之贡献也。

一、为研究之测验

测验与测量有两种目的,第一目的为研究体育界上所用之体育程序之进步之程度。吾侪用测验以达研究之目的者较少,但客观的测验成绩,可得科学的进步。实验根据科学的知识及经慎重之考虑,结果只有测量得精确及与研究无关系之各种复杂要素保持不变动时,可以正确。一教员能做美满的研究,既有愿望又有训练,在此文中可不必再有何等之指示。第二目的为用测验之促进教学方法之进步。作者希望读者不受此文乐观口调之影响,而想所有需要之测验已完全写出也。因为研究之目的需要较好之成就测验,尤其关于球戏舞蹈及动官与感觉器之韵律方面,需要有新测验。

① 麦克乐著,吴蕴瑞译。

二、为组织管理及教学之视察之测验

据本人观察，学校体育教员在学校之机构中很少在百分之三十平线以上。课程大多数未分等级，每年级间太多重复之处，班之分配不良，有时不分班。成就之标准不用，即所用之标准，并不与学生各人生来之能量差异之处相关。课程大半缺鼓动之力量，各学生之弱点之原因不加诊断，给分与进度之制属主观的，所有进步乃由试误(Trial and error)之方法。在善良视察之下，多数体育教员工作成绩在百分之七十平线上。若本人之意见完全合符，则或将有百分之一百进步。从百分之七十以上，进步较难。现在之情形需要至善之程度，惟对于此加添进步到完善之代价则渐渐增高。原因在现在之局面，体育主要属群众之活动而非应用于个人之方法也。

近代之学校，对于教有进步之贡献者，其趋向为对于各个学生各个的注意其能量，现在之能力及其需要。在大班人众条件之下，欲实行此计划，需要精确之测量，及知其结果，无此二者则高度之进步难于达到。吾人需要如匠人之规矩，航海家之指南针及六分仪，心理学家之千分之一秒之表，及他种研究用之精细器具。

测验与测量之第二主要目的，为襄助教学之组织管理与视察之完善，于是可以补救缺点，并可协助吾人知学生较详。在考虑测验本身之前，作者列举体育测量之功能于下：

（一）测量所以决定学生生来之能量

此等或系关于能量之几种特殊方面者，往往用一种或数种同样而达同种目的之测验。此种测验所得之结果，可以用为诊断成绩不进步之原因，或者预测隐藏而未发达之能力。此种方法，以数种测特殊能力之测验混合而为一普通之汇选测验，来测量普通之生来之动官能力，则较为有用。在此汇选测验中所得之分开各要素之记录，可以分开解释各种事实。此动官测验之用途与智育中用智力测验相当，一所以探知动官功能普通发达之情形，一所以决定生来相对的强弱之程度。教师欲指导有效，须知学生生来之能量。

（二）测验所以量学生现在之能力

此种测验可谓一或多种特种能力之测验，此等能力可称之为普通动官能力。此种能力受生来能量之限制，测验所以知其能量发达到何程度也。故吾人设计用能力对于能量之指数，并非单独之能力也。饶权斯氏之身体合格指数及竞技运动指数（Athletic quotient），除开此等指数所根据之常数，属测量而非个人生来能量之测验之外，与此有密切之关系，此等测验专用之于促进及测量绝对能力之用。

普通能量及能力测验之适当混合，为分组最好之方法。二者正当的相称，为最好的给分及升级之客观的基础。为达此等目的，此项测验尚未臻完善之境，因此等测量之每种技术方面尚未臻十分客观之境也。混合此二种之测验，足以知其天然隐藏能力如何，作吾人指导其人有效之南针。

学生技能之标准测验，在可能时应使与生来之能量相等。此不能若用主观以批评技巧方法之简单。此问题须稍加研究，才能解决，有数类之此种测验正在研究中。他种标准测验与年龄及身体之大小相当而不与能量相当者，对于测量学生之进步及促进练习二者均为无用。对于此二者之目的，为非正式的。标准测验能有与他人比赛之可能性及使其比随意定出之测验为用一者，为有用之测验，能用时即利用之。

（三）测验所以诊断教学之效能

此等测验及测验之分数与上述者同，惟其应用之方面不同耳。为此种目的而研究此测验之结果，可以襄助教员增进其教授之能力，同时可以助体育指导员，诊断其同事之困难点及不满足之点，以改良其教学之方法，所以作者从有科学系统之体育中已寻出其不可少之点及其用途。次一问题须回答者即“应该用何种测验”。作者在回答此问题以前，则将提作者本人以为最好之测验。此种优劣之判断，根据体育界上研究生所做之研究及其科学证据之支持，作者之意见从相对的价值方面看来，有时与本界上之研究生有相左之处。

三、提出之测验用之于管理体育之程序者

许久时间以前，作者发表当时体育测验与测量之情状一文。此文之书文目录比此文为多。作者拟不再重述其详细之处，因读者可批阅此文也。在他方面，作者拟组织一群测验，有用处有贡献且在学校能实行者。

欲实行此种课程，假定教员对于此种测验熟悉并对于测验之施行及解释及其结果之用途等多有训练。但实际上并不皆然。所以视察员可办一训练班，教以此种知识及技能。一视察员不知如何行之，则无异医生不知数血球也，此种视察员应入暑校研究。

四、组织测验之程序

有人提议组成一种测验程序，其中有许多测验每三年一次，有许多一年用一两次，有许多按季用，视与测验有关系之运动项目而定。

(一) 三年用一次之测验

此种测验最好在小学四年级初中一年级高中一年级及大学一年级，或在以上所述之各年级之上一学期施之。因其成绩可由学生交与其下年之教员，使该教员即根据之以排其体育班次，不致多延时间也。此等测验，分举如下：

1. 萨勤博士之跳法

此等测验一人对于其身体之大小重量之马力。此足预测一人之运动能力及其动作潜伏速度。

2. 对于动官及可教性

此等测验，如勃雷司氏之原来之测验[8]，爱屋氏改正勃雷司氏测验[9]，约翰逊之测验[10]，一学校之体育系统其程序用机巧运动者以最后一种为最佳。此等测验每种皆可量得容易学习新机巧之难度。

3. 潘批(Purpee)测验[6]

此为大肌肉调协之测验，及可教性之补足测验也。

此三种测验与分类指数混合在一起，则可成一种汇选测验，用来量普通之动官能量，亦可以用动官比数(Motor Quotient)表明，犹心理学界中之智力比数也。此比数变化至少，在一全期中可作为常数。

4. 若一教员有时间有兴趣，并有设备则更可行学生之人体测量，以体式而分组。作者已在他文中发表，兹不赘。

(二) 一年行一次或多次测验

1. 力量测验

据作者之意见，此种测验为最重要之汇选测验，不论饶权斯氏或作者之式，皆有相当合式之处。若测背力与腰力机无有，则绕权斯氏之简法亦可用，惟对于女子颇有不满足之处耳。此等测验需要修正，不能因其重要而权宜敷衍之也。力量与重量及成熟之关系，在体育之发展上为最重要之事。力量测验不但供教师以应知之学生之状况，并有推进之力量。此外，若力量测验用身体合格指数(P.F.I)混以萨勤脱氏之跳法与分类指数，可成颇近于理想之竞技运动能力预测测验。

2. 分类指数

此系年龄体高体重三者混合而成之公式，系 20×年龄＋6×体高＋体重(后二者单位用英制)，此不过量身体之大小及成熟度而已。应用于男童则可，应用于女童则不可，且须在每学期之初须计算。对于女童则至十五岁半尚属有用，年过之则无价值矣。

3. 包含身体肌构之测验[13、14、15]

关于范围内之测验至不完全，黑色半面像 Silhouette 比较表及他种复杂之设计，各有其好处。据作者之意见，设有一种特殊科学之方法者，但每一种均可为推动之工具。作者深信，一有经验之教师评定一群学生在走坐与立时之优雅与平均之姿势，可以得较重要之姿势指数，较统计之方法为多也。

关于身体机构方面，作者赞成用脚印之方法(Foot Print device)，已由绕权斯[1] 及克拉克二氏[16]详细讨论。此种标准应加进一步之研究，须使至少属客观的，且为推动之工具。此种方法同时与测量活动之姿势混合，应在测验程序中占一地位。

4. 田径赛运动之测验

此大概用三四种田径项目，从一种分数表算分，以其分数之总数来表其田径运动之能力。此种测验，每年可测两次。此种运动或有过分注重之嫌，实则田径运动为对于动官能力最好之汇选测验，早经证明。此等运动包括机巧及人类活动，为各种竞技运动之基础。

此田径项目与力量测验混合成为普通动官能力（General motor ability）汇选测验[5、6]，当其于普通动官能量（General motor capacity score[5、6]）则可得普通动官能力之比数（General motor ability quotient），此系一种成就之比数，即所以表示其个人之能力与其能量之比也。

男童与分类指数混合，女童与年龄一项混合，则可得竞技运动比数（athletic quotient）[2]，此可以身体大小及成熟程度而言，可以表示其个人之能力，同时与同俦之人比较。

用田径二项目，若有正当之组织，则对于该项目有绝好之推进功用，使得以进步。作者看来，对于体育课程，属最基本的。

5. 竞技运动技巧之测验[18]

吾人欲促进联系及给分，每季需要此种测验至般。此等测验须简单，须能行团体测验，同时愈客观愈好。在不能行客观测验技巧时，可用品定（Rating）之方法。最普通之方法为分为五类，最优等（最好之百分之十），优等（次百分之二十），中等（中间百分之四十），劣等（其次之百分之二十），下等（最劣之百分之十）。巧妙之教员很能想许多方法行精确之品定。

6. 纸笔测验[19]

此种方法只有一学校对于体育有充分之时间者可行之。如测验规则技术及卫生知识。用测验教测验（test-teach-test）之方法，教员可施行客观测验，学生交换纸笔与计分，于是以结果作为讨论与学习之基础。此种测验易于疲劳，尤以给以分数者为然，但有相当贡献。

7. 品格之品定

目前在此范围内，组织极不完善，饶权斯氏曾有切实之建议[1]，发行一种测验，其改正者有讲义，但终无特殊之成功[2]。进一步之工作已做，不久将有发行。据作者之意见，此种重要事项问题，现在不在品格测验之须特别切用，而在教师之观察学生，以分析其优劣之点。若能如是做去，则自能从快乐而广播之活动中(在此情境中学生可以为教师观察清楚)易于定出体育之教育方法。此种品格之品定，须使愈简单化愈好，且并非一年之工作，乃须继续不断之修改者，成绩记在点名簿上，观察基本的行为。

8. 心与血管之测验

用此种测验，须视体育教员担任健康视察责任之大小而定。若一学校有充分之医药料理，则此测验无大用处；反之，若公立学校医药之视察全缺或至少者，则此等测验之贡献很多。不论何时，不可用为例行之公事，大概可分两种：

(1) 脉搏比例之测验[21]

此由指导员欲知运动员做竞技运动之状况而用者，此外，尚有教员对于学生用药料时而有疑惑时，欲校对学生之心之状况时亦可用之。用此测验之方法，在他处表明。

(2) 现状之测验[22]

此种测验由作者设计，只可以供给初中年龄以上之学生应用。此种测验，对一人现在之健康情形是无用的。健康之条件每日有高低，其有用之处，在教员欲知一久病之学生，初回校内，欲加入比赛，或普通体育时。

(三) 分类之混合测验

关于女子之分类，用萨勤脱跳法混以十五岁半或十六岁以内之年龄，为将纯一团体分类最良之简单方法[23]。其结果只有对于用力量测一项为最佳。对于男童则用分量调整过的力量测验或分量调整过的力量测验之简法，而以重量为变数，觉为最好之方法。此分类指数，或分量未调整过的力量指数，均应居第二[24]。

此类任何方法,虽然与能力相关系数甚高,但系不精确之方法,别种要素属于主观的,亦影响其个人之成绩。一细心教员对于以不甚精细方法来分类之一班学生,不必迟疑定其分数之上下,此一类研究之现状,依作者之意见,觉颇不完善。

五、程序之管理

看测验单子,似觉工作是很繁重,但是织成程序之一部份,则所费时间不为多也。因有许多之测验不过三年测验一次,换言之,每年三分之一班行测验,力量测验分类指数关于身体与脚机构的测验及田径项目测验,一年不过举行两次。此等的测验,若组织完善(每团体有领袖),设备完备,在两个上课时间之中即能测完。没有人能用一具测背力腿力之机器,在一小时之中,能测完有二百的学生。此种项目可以分配整个程序中去,不必想为费时间之测验,作为平常体育活动之一可也。犹如一良好之教育机关中以许多考试作为体育方法之一,非仅为促进之工具而已。

纸笔测验及竞技运动之成就测验,遇需要时可偶用之,其中有许多(尤其是团体之测验)仅为寻常活动中之一部份,而将其记录保存而已。

品格之品定,并不费教学之时间,但要求教员之思索,使其对每个学生注意。

心与血管之测验,所费之时间实不多,需要施以此种测验之学生较少故也。

设以上许多之测验要减少至最少之数目应选择何种,作者按其重要之程度,依次排列如下:

(一) 力量测验

此种测验,对于生活普通状况及生活有效之能力,最足以估量其程度,故极为重要。但对就竞技运动方面则不甚重要。作者主张用之于男童应加以分类指数。

(二) 品格之品定

体育程序中教育上之一种指导,比他项更为重要。

（三）萨勤脱氏之跳法及动官能力可教性之测验

此等测验，可以得到关于技巧运动能力的消息，萨勤脱氏之跳法，大概可以表示竞技运动的力量与技巧。动官能力可教性大概可以表示其技巧。在此处作者主张插入潘批(Purpee)测验，因其为得到动官的比数(Motor quotient)。

（四）竞技运动之测验与品定

此等测验在程序之中可以精确的测验进步，指导员可得到其本人与学生间之成就之消息。因此以后教学的工作可以改良，此点比用为批分数要更注重。

（五）身体机构之测量

（六）运动知识之纸与笔之测验

六、结论

体育上最良的教育结果，惟有注重学生之需要时可以得到。此等包含以下所知之事项：

（一）其各种应发达的力量或隐藏之能力。

（二）其所达到之技巧与能力绝对的及相对的(与能量比者)程度。

（三）探究特殊之寡能或缺点之理由。

（四）适宜之分组使学生在教育方面及纯粹之身体发达方面有相等之机会。

（五）适合于个人能量之标准，以作推动计分及升级之用(升级者使其教育之机会得增进，并非一种奖励也)，关于欲精确的及经济的确定学生此中之事项，须应用合宜之测验方法，以有助于学生之方法而记载其结果。

得有此等消息并不能担保教员将有极好之程序以施教与学生，此系显然之事实；但是能担保有关于学生现状之智识，始可定出一种很好之训练程序。

阅读目录

1. Rogers Frederick Rand. Fundamental Administrative Measures in Physical Education, Newton, Massachusetts: The Peliades Company, 1932.

2. McCloy, C. H. The Measurement of Athletic Power. New York. A. S. Barnes and Company, 1932

3. Bovard, J. F., and Corens, F. W. Tests and Measurements in Physical Education. Philadelphia: W. B. Saunders and Company, 1930.

4. McCloy, C.H., "Tests and measurements for the Administrative Program of Physical Education: A statement of present status." Journal of Health and Physical Education III: 7 (September, 1932), 9—11.

5. McCloy, C. H., the Measurement of general motor capacity.(Mimeographed)

6. McCloy. C. H., "the Measurement of greneral motor capacity and general motor ability" Supplement to the Research Quarterly. V:1(March 1934), 46—61.

7. McCloy, C. H., "Recent Studies in the Sargent Jump." Research Quarterly, III:(May, 1932).

8. Brace, David K. Measuring motor ability, New York: A. S. Barnes and Company, 1927.

9. McCloy, C.H. Test of motor educability: Iowa Revision of the Brace test, second edition (Mimeographed).

10. Johnson, Granville B. "Physical Skill Tests for Sectioning Classes into Homogeneous Units" Research Quarterly, III: 1 (March 1932).

11. McCloy, C. H. Forms for tests of strength.(Mimeographed)

12. McCloy, C. H. "the apparent importance of arm strength in athletics" Research Quariterly. V:1(March, 1934). 3—11.

13. Brownell, Clifford L. Measuring anterior-posterior posture of Ninth Grade Boys, New York: Bureau of Publications, Teachers College, Columbia University, 1928.

14. Bovard, J. F., and Cozens, F. W. Op. Cit, P.49.

15. Macewan. C. G., Powell, Elizabeth, and Howe, Eugene C. "Applications of the objective method of grading posture, Posture standards, and prediction of individual and group improvement." Research Quarterly, VI: 1(March 1935), 4—14.

16. Clarke, H. Harrison, "An objective methed of measuring the height of the longitudinal arch in foot examinations". Research Quarterly, IV:3(October, 1933), 99—108.

17. McCloy, C. H. Scoring tables for Women.(Mimeographed)

18. Bovard, J. F. and Cozens, F. W. op. cit., Chapters VI and VII.

Coxens F. W. Measurement of General athletic ability in college men. Philadelphia: W. B. Sunders company edgren, H. D. "an experiment in the testing of ability and progress in Basketball." Research Quarterly, III: 1(March, 1932), 159—171.

Heath, M. L., and Rogers, E. G. "A study in the use of knowledge and skill tests in soccer." Research Quarterly, III: 4(October, 1933), 33—53.

Johnson L. W. Basketball tests.(Mimeographed)

Reynolds, H. J. "Volleyball tests." Journal of Health and Physical Education, 1: 3 (March, 1930), 42.

Rodgers, E. G., and Heath, M. L. "An experement in the use of knowledge and skill tests in playground Baseball." Research Quarterly, II: 4 (December 1931), 111—131.

Vanderhoot, M. "Soccer skill tests," Journal of Health and Physical Education, III: 8 (October 1932), 42.

Neilson, N. P. and Coxens, F. W. "Achievement scales in physical education activities for boys and girls in elementary and junior high schools." Sacraments: California State Department of Education, 1934.

Neilson, N. P. and Coxens F. W. "Achievement scales in physical education activities for boys and girls in elementory and junior highschools." Research Quarterly, V:3(October 1934), 3—13.

Moser, Helen, and Young, Geneviene, A short battery of tests to measure playing ability in women's Basketball." Research Quarterly V:2 (May, 1934), 3—23.

19. Franxen Raymond, Health education tests, New York, American Child Health Association.

Hemphil F. "Information tests in health and physical education for high school boys." Research Quarterly, III: 4(December 1932), 83—96.

Murphy, M. A. "Criteria for judging a golf knowledge test." Research Quarterly IV:4 (December, 1933), 81—88.

Grisier, Gertrude, J. "The construction of an objective test of knowledge and interpretation of rules of field-hockey for women," Research Quarterly supplement V:1(March, 1934), 78—79.

Murphy, M. A. "Grading student achievement in golf." Research Quarterly, V.1(March, 1934), 83—90.

20. McCloy, C. H. Character building through physical education.(Mimeographed)

21. Tuttle W. W. "Use of the pulse-ratio test for rating physical efficiency". Research Quarterly II.2 (May, 1931).

22. McCloy, C. H. "A cardio-vascular rating of 'present condition.'" Arbeits-physiocogic, (November, 1930).

23. Adams, Eleonore groff. "The study of age, height, weight, and power as classification factors for junior high school girls". Research Quarterly, V:2(May, 1934), 95—100.

24. Kistler, Joy, W. "A comparative study of methods of cassifying pupils into homogeneous Groups for physical education." Research Quarterly, V:1(March, 1934), 42—48.

25. McCloy, C. H. "Anthropometry in the service of the individual". Journal of Health and Physical Education V:7(September 1934), 7—11.

26. Sievers, Henry R. "A simple method for detecting abnormal hearts". Research Quarterly VI:2(May, 1935), 31—38.

（原载《体育季刊》1936 年第 2 卷第 4 期）

为华东各大学田径对抗欢迎各友队选手

今日为华东九大学友谊田径比赛之日各宾队不辞跋涉之劳、惠然肯来、相会一场、俾敝校代表队得他山之助、砥砺之益、此为敝校同人欢迎友队之主旨、虽然、在本人看来、可以欢迎之理由、尚不止此、夫华东九大学可以代表华东最高学府、国内不论何种新颖事业、须赖各校提倡与研究、吾国体育提倡已三十余年、而其领导中心、均在大学、可见大学对体育所负责任之重、近数年来、我国加入世界运动会、徒以人才难得、两次参加、一无建树、被次有此结果、外人或尚原谅、若三次四次一无进步，势必贻笑大方、招外人轻视、故以今后之体育局势论、不得不积极准备、准备之机关、当首推各大学、因大学向为体育中心、不可不负此重责也、此次大会、可谓九大学负责之起点、此为敝校表示欢迎者之一、此次苏沪各大学如交通约翰、东吴、非十五年前之华东八大学友、即江大运动会会友、此数校年来至少联络、此次聚首新京、可谓古砚重温、又如同济、浙江两大学、与敝校向未在田径场上作任何比赛、此次惠然肯来、可谓萍踪偶聚、机缘难得、此又为敝校表示欢迎者之二、从此次集会后、已开友谊比赛之门、以后比赛之举正多、切磋之机会亦将因此益增、各友队回校之后、定常益加努力、谋技术之进步、作他日与世界健儿角逐之基础、此为敝校表示欢迎者三、在此欢迎之余本人尤不得不先伸歉忱、敝校设备简陋、招待欠周、在所不免、尚希各宾队曲宥焉。

（原载《中央日报》1937 年 5 月 1 日）

体育科一年来之工作概况与展望

自去年四月二十三日吾校举行第九届春季运动会以来，至今适为一周年，亦云巧矣。在此一年之中，个人之工作颇忙，平日未有机会将本科工作之情形向外界报告，一方亦仍本多做少说之主张，不敢多事宣传，故对于本科工作极少外发表照历年惯例，每次运动会发行运动会特刊，本人例在撰稿，即乘此便，将一年来之工作概况分述于下：

一、本科各教员之课内外工作

本科从本年度起，四个年级俱全，功课时数，以比例增加，一方因男女术科不能合上，故术科钟点额外增加，因此每教授之钟点往往有过十二三小时者，即以本人而论，每星期亦少则八时多则十时，故本科教员之课内工作，不可谓轻。至于科外工作，亦颇有足述者，本科除训练师资之外，兼教全校普通体育，兼办校内各种比赛，如男女网球，院际排球、季陶杯足球、院际足球、世杰杯篮球、越野跑等，一年之内，接踵而至，因参加之队数日有增加，每教员每星期有少则一二场多则三四场之裁判工作，此其一。本科学生之进修班一年来照常进行，每星期一次，未尝间断，每次开会，教员在所必到，此其二。本科各教员为温习各种技能起见，每星期有教员班之设，由全体教员参加，已两年有半，最近一年，更邀校外各体育教员参加，兴味为之益浓，此其三。本校校警校工，有二百余人之多，平日亦羡运动之饶有兴味，球类之焕发精神，希亦有体育训练，本科给以每星期二小时之运动，由各教员轮流指导，并由四年级学生助教，前后亦已二年，此其四。本科学生技术功课，每星期有少到八点钟，多则十点钟，然运动种类繁多，对于田径赛运动不能有充裕时间之练习，在此各种运动会相继举行之期，不能不作事前之准备，故每日在课外排课外运动钟点，学生选择项目练习，各教员以其所长轮流到场指导，此其五。本科兼教全校体育，活动既多，场地面积，建筑设备，亦自广繁，推动处理，整顿管理，亦觉不易，欲事事推进，处处顾到，不能不采科务会议方式以期集思广益，不能不取分工合作之法，以求各尽其长，谋整个单位之健全，故科务会议每星期定时举行，并在每学期第一次科务会议时，即将一学期内各教员分任课外工作，（例如课外运动，总指导，体育馆管理，进修班指导，对外比赛，校内竞赛，普通体育行政，场地管理，户外器械管理等，）分配清楚，平日各人按分负责，工作至多，此其六。此等课外工作，虽并不十分紧张，确系课外负担一学期中，须刻刻注意负责也。

二、室内运动表演者

数十年来，吾国所办运动会，偏于户外，忽视户内，本校为提倡室内运动起见，在去年五月底曾举行室内运动表演一次，今春三月二十五二十七两日，又举行第二次表演，共有节目二十项之多，皆所以表演平日术科之成绩，并非一短期间所能预备得之也，此种表演以后拟每年三月下旬举行一次，并望技术精神逐年进步，更望全校教授到场指教。

三、师资训练班

教育部普通教育司及体育组见小学体育之重要，小学师资之缺乏，拟从严格训练师范学校体育教员入手，将不合格之师范学校体育教员，重行训练，俾将来师范学校有合式之师资，师范生有教授体育之知识与技能，本年暑假，凡山东河南湖北江西安徽江苏浙江诸省之师范学校体育教师，将来本校训练，前后十星期，六月下旬即将开学，闻教育部即将令学校当局筹办云。

四、本科之愿望

数年来全国普及体育之空气十分深厚，各学校各机关在在需合式之体育师资，徒因全国之中，合格之体育师资：训练机会不多，合格之人材难得。本科设备粗具，人材较为集中，甚望政府年贴本科以相当经费，扩充学额，充实师资，科内复分体育行政学校体育童子军等组，以求训练之精而专门，数年之后，更望创办研究院，在可能范围之内，聘欧美体育名师，来科教授，则将来本科对社会之贡献可以加大，此为本人及本科同人所切望者也。

（原载《国立中央大学日刊》1937年4月22日第十届运动会特刊）

师范学院体育系之缺点与改进

体育系原属教育学院四年毕业,已有近二十年之历史。此种制度十分良好,初无改变之必要。乃三年前教育学院改为师范学院,将其所属各系一律改为五年毕业,体育系当然亦不能例外。当时觉增长一年,将来对于专业训练更能精深,体育同人亦表赞同。此时推行以来,已届三年,觉缺点颇多。兹分举于下:

一、一二年级术科时间太少,减低体育专业精神

我国中学体育尚未发达,学生运动根基太差,须重经充分之训练方能合于专业标准。体育系一二年级,为训练运动技能最重要时期。兹体育术科只定一学分,每星期不过两点钟,较之四年制体育系每星期三学分半十一小时之数相差太多。为补救计,多有在教部规定钟点外,另加每星期四点钟术科时间,而学分未多加。表面看来,虽较旧制之时间相差不多,而实际大相悬殊。照以往教学之经验,运动教授一点钟至少有一小时之练习,方有进步。且此种练习,决非为其他科系学生参加课外运动所可满足。三年来一二年级学生受此影响,致运动技术少进步而灰心退学者,平均占百分之二十,此种情形,影响体育师资之训练甚大。近与英语学系诸同人谈及一二年级共同必修科目亦觉有同感。该系第一学年所修英文与其他各系之普通英文相仿,对于专业训练之兴味亦为之减低,与体育系一年级学生有同样情形。

二、共同必修科目太多排挤体育学科

师范学院名为五年毕业,实际则一二年级之光阴消耗于共同必修课,第五年级全致力于教学实习与论文,习体育学术两科之时期,只有三四两学年。故学术两科之训练较之从前四年制体育系固不如,而较之现行之三年制体育专科亦有逊色。例如人体机动学、运动生理学、体育史、健康检查、体育建筑与设备,均为体育专业训练之重要科目。今因三四两年时间太短促之故,前五种科目列入选修科,后一种竟裁并入体育行政一课中带讲。对建筑设备即感学习之不足,而体育行政之本身教材又无形减少,故体育理论科目之学习,远不如四年制之体育系,要知一高中毕业生已有普通自然科学之基础。至于历史一课,在初高中已重复学习两次,大可不必再读。大抵一青年入大学以后,即具有研究专门科学之热望,共同必修科目太多,真令师范学院学生乏味。

三、实习时间太多,第五年竟等荒废

照现行体育实习共占十六学分,第四学年排六学分,第五学年十学分,每星期实习以两小时一学分计算,第四年每星期实习六小时,第五年每星期十小时,每学期以十八星期计算,则共实习五百七十点钟。照二十年来体育系之体育教学实习之经验,每星期四点钟两学分,一学年共一百四十四点钟,实习时间已觉十分充足。现制多出四百三十六点钟十二学分实属过多,有教学实习经验者,多不致反对此议。如将实习时间及不必要之共同必修课减少,第五学年大可省去。

四、不合本国体育教师之需要及经济条件

即依社会之需要及国家家庭之经济状况言,更不缩短一年之理由。现在体育人员日感缺乏,因除大、中、小学之外,社会团体及军界皆需要体育指导,五年之训练时间太长,训练太慢,供不能应求。且现在一大学生,国家之负担每年至少二千元,家庭负担至少三百元,一人所需之数尚如此之多,况千百人乎?升平

时代尚须讲求经济，况抗战时期国家，家庭困难之际乎？此种枉费经济与时间之学制，实有改变之必要。

五、修学年限太长影响学生来源

体育师资训练学制较他科为复杂，有两年专科，有三年专科，青年见年限太长且对专业训练反不如三年专科之精，投考学生因之日趋减少（二十八年度投考生有一百多人，二十九年度竟减至七十余名），录取者于是亦益减少（中大体育系取十人），不但教学不经济，且增教学上之困难（如足球每队至少十一人，两队二十二人，少于此数即不能正式练足球，垒球每队九人，两队十八人，少于十八人则不能正式练垒球）。五年体育系不易发达事实已极显然。

建议：

（一）彻底改良办法

五年改为四年，一二年级共同必修功课减少，课程参照四年制之课，而加以调整。

（二）变通办法

此为应现时体育人才之急需之方法，将二、三、四年级功课在前三年读完，作为体育专修科毕业，愿读完体育系者，可依旧留校补读共同必修功课，其余服务数年之后，可回校补读一年级之共同必修科目，研究高深之理论功课与专门技术，以资进修。两年之后作为体育系毕业。

（三）补救办法

师范学院体育系外，加办三年制体育专修科，体育理论功课能与体育系合班上课者，尽必合并，以资经济。

（原载《国民体育季刊》1941 年第 1 卷第 1 期）

南京大学的体育活动

今年三月间,南京大学停止了一切业务学习,专攻政治学习。无论师生员工,都认识了劳动创造世界,劳动创造了人类的真理,初步建立了劳动观点,体育也是劳动过程中的产物,可以用来发扬人体的劳动能力,促进生产,巩固人民国防,所以大家对体育的观念改变。南大的体育活动,得以从废墟中重新建立起来。其有报导价值的有以下几点。

一、早操

这是一种集体性的、有纪律性的、有健身价值的运动,可是南大在抗战结束以后,始终没有推行过。

通过此次学习,大家提高了政治觉悟,明了了身体的健康,对于新民主主义社会的建设,有重要关系,所以各院系同学自觉地发起早操,加强锻炼身体。这种觉悟的行动,是解放前从来没有过的。

在实行早操中,遇到些困难,都被我们克服了,如:

(一) 运动场距离宿舍太远,往返很费时间,据了解清华大学的学生宿舍很靠近运动场,这是很合理的,值得我们学习。南大学生遇到这种的物质条件上的困难,便想出办法,将集体分散。由院分系,以系为单位,在宿舍旁的空地上作早操。

(二) 由于教材缺乏,我们就利用星期日早晨全体学生体操时,由体育系教师,教授新教材,召集各院系领操者到场学习,平时同学感觉同系或同院的同学领操较有趣味。但如果觉得领操者经验不足,可请体育系学生带领。有时嫌体操呆板,可以用游戏或秧歌、集体舞等,更换口味。

(三) 很多学生如在早操时间有课,可以提早起床时间。

(四) 用群众集体的力量来说服劝导迟到及不到的同学,将参加人数,次数的百分比统计数字,在黑板报上公布,优胜奖予红旗。利用学习小组,由小组长负责喊醒大家。在系级开会谈到早操时,展开批评与自我批评,搞通积极参加早操的思想。

(五) 对抗拒不参加早操同学的办法:用集体访问方式。即集合许多同学去访问他不到的原因,或困难之处,加以说服解决。

南大各院系现在的早操,进行得很正常,一直没有间断过,大家每日已成习惯,有时天雨早操暂停,反觉得身体不舒畅。尤其是工学院同学,他们觉得早晨运动这一刻钟很有代价。

二、纪念"五四"青年节南京体育大会中的演出

这次南大学生的"劳动创造世界"集体表演,事先准备的时间不过三星期,而且学生住处分散,很难召集,但终于在演出后博得了好评,总结其所以成功的原因有:

(一) 有健全的组织:此次参加的学生共一千五百人,分二十四组,每组三十四人,有小组长一人,一院不论组数多少,均设有大组长一人,组员的参加完全自愿,采取签名征求的方式,因此每人都能自觉地贯彻到底。

(二) 党团员的领导:大、小组长大部是党团员或积极份子,起了很大的带头骨干作用。

(三) 各同学都经过政治学习,提高了政治觉悟,所以各组员与各组长间都能团结合作。

(四) 有良好的早操基础。

(五) 偏向的纠正:开始时有些人抱单纯应付的态度,认为别校参加集体表演,南大自然理应参加,没有认识到这次运动的意义,忽略它是南大集体精神具

体的表现。后来经过动员克服，两次的会合练习，以及到会演出，都照预定计划完成。队伍步行回来，毫无疲倦松懈的情绪。

三、体育活动范围的扩大

解放前，南大体育的对象只限于学生，解放后体育扩展到教职员、工友及附属工厂的工人中去，为满足这一新发展的要求，南大体育部发起了一个全校统一的体育会组织，它的任务与工作是：

（一）关于体育设备与推行。

（二）关于经费筹措与保管。

（三）关于运动兴趣的调查及统计。

（四）关于运动场的管理。

（五）关于各种代表队的组织。

（六）关于校内各种运动之组织与辅导。

（七）关于各种体育运动比赛与表演之举行。

（八）关于其他体育之倡导及推行。

体育会的委员由各单位推出代表担任，其一为体育部或体育系，二为学生会，三为工会。委员多少按实际需要增减，为工作灵活方便，成立了常务委员会，下设场地设备，活动及辅导等组，各组有干事(活动组及辅导组的干事，由体育教员担任)。

在经过政治学习搞通思想后，人人想为人民服务的今天，大学师生员工热烈需要体育活动的情绪，是有史以来所从未有过的。各校当局，以及体育工作者，应当在这种良好的群众基础上，在经济可能范围内，将场地设备，运动器材充实，尽量创设群众体育活动的有利条件。

（原载《新教育》1950 年第 3 期）